闭环物流网络设计优化若干问题研究

赵 潇◎著

东北林业大学出版社
Northeast Forestry University Press
·哈尔滨·

版权专有　侵权必究
举报电话：0451-82113295

图书在版编目（CIP）数据

闭环物流网络设计优化若干问题研究/赵潇著.— 哈尔滨：东北林业大学出版社，2023.4
ISBN 978-7-5674-3102-7

Ⅰ.①闭… Ⅱ.①赵… Ⅲ.①物流—网络系统—网络设计—研究 Ⅳ.①F252.1

中国国家版本馆CIP数据核字（2023）第066734号

责任编辑	马会杰
封面设计	马静静
出版发行	东北林业大学出版社
	（哈尔滨市香坊区哈平六道街6号　邮编：150040）
印　　装	北京亚吉飞数码科技有限公司
开　　本	787 mm×1092 mm　16开
印　　张	11.75
字　　数	182千字
版　　次	2024年3月第1版
印　　次	2024年3月第1次印刷
书　　号	ISBN 978-7-5674-3102-7
定　　价	46.00元

如发现印装质量问题，请与出版社联系调换。（电话：0451-82113296　82191620）

FOREWORD 前 言

随着社会及经济的发展，人类对资源及商品的需求与日俱增，且多样化、个性化趋势愈发明显。科技的进步在满足社会需求的同时使得商品的更新换代速度越来越快。产品生命周期的缩短加速了废弃品的产生，而且借助于已高度发达的电商产业，产品退换货需求与日俱增。产品退换货若处理不当，将对环境造成难以估量的损害。与此同时，愈发严峻的雾霾、水污染等环境问题促使企业在追求发展的同时更加关注可持续发展模式，这给企业带来巨大机遇的同时也提出了严峻挑战。在此背景下，以减少废弃物排放、促进物流可持续发展为基本目标的闭环物流网络模式应运而生。在闭环物流中，除传统的正向物流产品配送外，还包括对于各种退换产品的回收处理。外部环境特别是市场需求（包括正向市场需求和逆向回收需求）的不确定性，使得本就复杂的闭环物流系统如何降低其运作成本、提高物流效率、增强其环境友好性成为企业面临的一大难题。也就是说，如何提高闭环物流系统在随机需求下的可行性和可靠性是目前仍亟待解决的问题。为此，本书从随机需求下的闭环物流网络设计入手，以闭环物流设施选址、库存策略规划及配取路径规划为基本内容，综合运用绿色供应链理论、最优化理论、风险决策理论等方法，研究在随机需求下相应的优化设计模型并提出相关求解算法，以降低闭环物流系统在不确定环境下的运营总成本，提高客户服务水平和环境友好性，进而提高设计方案的可行性和可靠性。

本书主要研究工作及成果如下：

（1）研究随机需求下风险规避型闭环物流网络设计的总体技术方案。

（2）研究风险规避型闭环物流设施选址-配取路径优化模型及其求解算法。

（3）研究随机需求下风险规避型闭环物流设施选址-库存策略联合规划模型及求解算法。

（4）研究随机需求下风险规避型闭环物流设施选址–库存策略–配取路径联合优化模型和求解算法。

本书对随机需求下风险规避型闭环物流网络设计方法展开了深入研究，侧重于闭环物流网络的联合优化问题。此外，本书研究风险规避型设计优化方法，以提高设计方案的可靠性。研究成果以期丰富拓展该领域相关理论方法，并为企业实践提供方法指导。

由于闭环物流网络设计优化技术涉及多学科交叉领域，作者水平有限，因此书中难免有不足之处，敬请广大读者批评指正。

赵 潇

2022年6月10日于湖北文理学院

CONTENTS 目 录

第1章 绪论

1.1 研究背景   1
1.2 问题的提出   6
1.3 国内外研究现状   9
1.4 研究目的及意义   18
1.5 研究内容及整体结构   19
1.6 课题来源   21
1.7 本章小结   21

第2章 随机需求下风险规避型闭环物流网络设计总体方案及关键问题分析

2.1 引言   23
2.2 总体研究方案   24
2.3 闭环物流网络的基本内涵和特征   27
2.4 闭环物流网络设计的基本目标和原则   29
2.5 风险偏好对闭环物流网络规划决策的影响分析   32
2.6 闭环物流网络设计关键问题分析   34
2.7 本章小结   38

第3章 随机需求下风险规避型闭环物流设施选址-配取路径优化

- 3.1 引言   39
- 3.2 问题描述及研究思路分析   41
- 3.3 基于条件风险值的规避型偏好度量   43
- 3.4 随机需求下闭环物流设施选址-配取路径优化模型构建   48
- 3.5 模型求解算法研究   58
- 3.6 案例分析   68
- 3.7 本章小结   85

第4章 随机需求下风险规避型闭环物流设施选址-库存策略联合优化

- 4.1 引言   87
- 4.2 问题描述与研究思路分析   89
- 4.3 随机需求下的闭环物流网络库存策略分析   91
- 4.4 随机需求下风险规避型闭环物流设施选址-库存策略联合优化模型构建   92
- 4.5 模型求解算法研究   105
- 4.6 案例分析   112
- 4.7 本章小结   123

第5章 随机需求下风险规避型闭环物流设施选址-库存策略-配取路径联合优化

- 5.1 引言   125
- 5.2 问题描述与研究思路分析   127
- 5.3 闭环物流设施选址-库存策略-配取路径联合规划问题建模   130
- 5.4 模型求解算法研究   142

5.5　案例分析　　　　　　　　　　　　　　　　　　148
　　5.6　本章小结　　　　　　　　　　　　　　　　　　155

第6章　结论与展望

　　6.1　研究结论　　　　　　　　　　　　　　　　　　157
　　6.2　研究展望　　　　　　　　　　　　　　　　　　160

参考文献　　　　　　　　　　　　　　　　　　　　　162

第1章 绪论

1.1 研究背景

近年来,虽然全球经济发展速度放缓,但是随着科技的不断进步,社会生产生活已经进步到前所未有的水平。社会的物质消费需求总量不断增加,且多样化、个性化趋势愈发明显。在此背景下,各类商品更新换代速度越来越快,生命周期越来越短。企业间的竞争愈发激烈,面临的降本增效的压力不断增大。与此同时,经济的不断发展在提高社会生产生活水平的同时,也产生了雾霾、水污染等问题,这对社会的可持续发展构成了巨大威胁。因此,如何实现社会经济的环境友好型发展受到社会越来越多的关注。企业作为社会经济发展的主体,减少资源浪费、实现节约型发展模式对于实现上述目标至关重要。

中投顾问产业研究中心发布的报告显示,我国主要的电子电器(如电视机、电冰箱、洗衣机、空调、微型计算机、手机等)的社会保有量近二十年均呈现大规模增长的趋势,如图1.1所示。这显示了我国国民生活水平以及人民生活幸福程度得到了巨大提升。但是,废弃电器电子产品理论报废量测算模型和行业调研显示,商品消费量的急剧增长将导致产品报废品量的大幅增加,如图1.2所示。如此巨大的报废品一旦处理不善,会对环境产生难以估量的破坏。

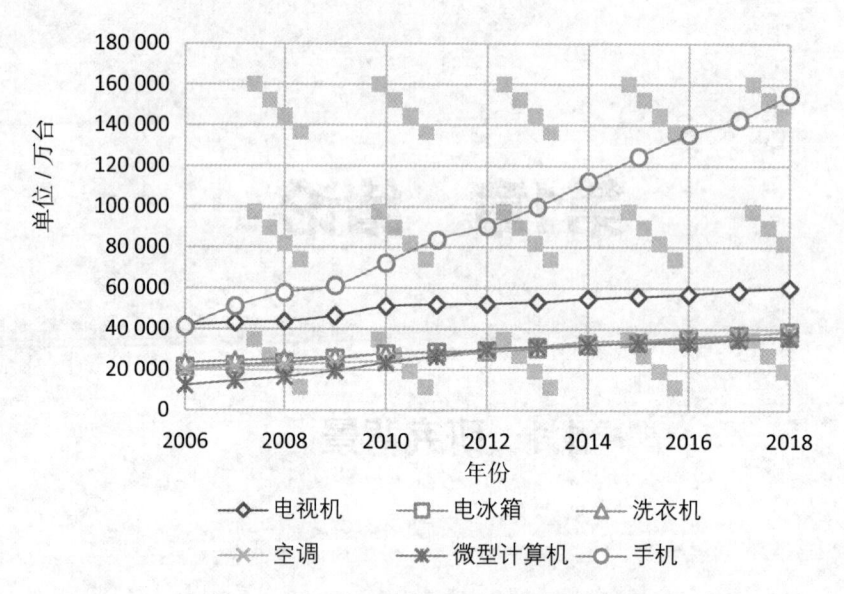

图1.1 我国电子电器代表性产品的社会保有量

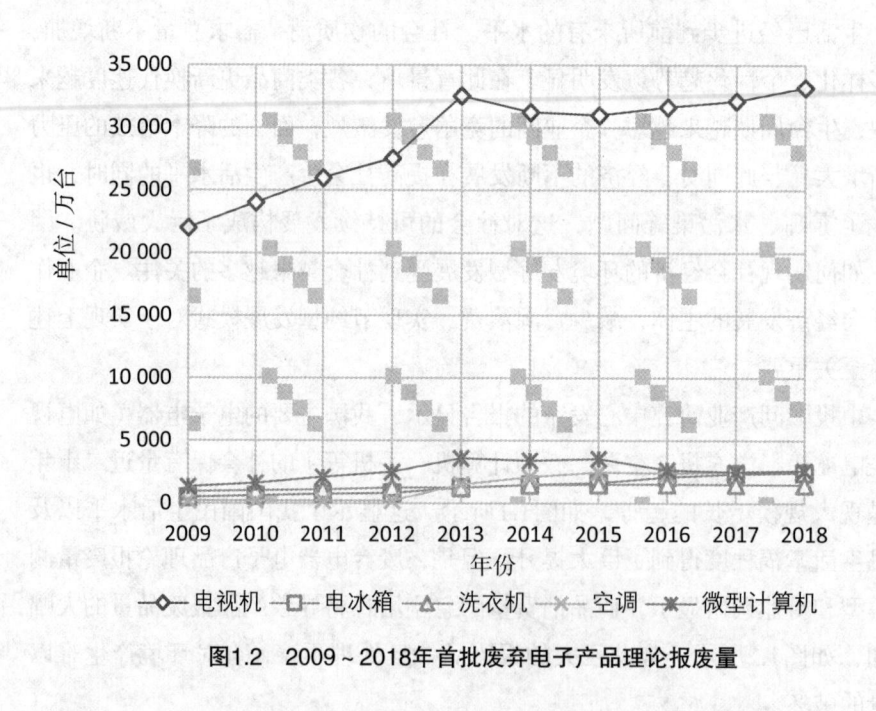

图1.2 2009~2018年首批废弃电子产品理论报废量

另外,电子商务产业的蓬勃发展为客户退换货提供了便捷服务,这使得企业面临的逆向回收压力进一步增大。近年来，电商产业规模呈现爆炸式增长，且已渗透到社会生产生活的各个领域，并深刻地改变了人民的生产生活方式。《2018—2024年中国电商行业市场竞争现状及未来发展趋势研究报告》显示，我国2018年电商市场交易规模达到28.4万亿，包裹数量突破500亿件，成为全球规模最大的电商市场。为了扩大业务交易规模，各大电商巨头纷纷提出"七天无理由退换货"以及"上门取件"服务。以天猫为例，如图1.3所示，仅2018年"双十一"包裹总量就达到10.4亿件，而客户退货率为6.1%，虽然该比例相对发达国家15%～20%的退货率明显较低，但其规模仍然极为庞大。值得强调的是，因退货产生的成本往往由电商企业承担，且退货背后的质量问题和负面评价对电商企业声誉和效益影响极大，因此，电商企业对于退货率极为敏感。企业如果无法高效率满足客户的退货回收需求，其声誉和效益必然会受到进一步影响。

为应对越来越严峻的环境问题，各国政府和企业均采取了大量措施。在2015年的联合国可持续发展峰会上各国一致通过了《2030年可持续发展议程》，从涉及可持续发展的三个层面（社会、经济和环境），做了系统性规划。我国政府率先出台发布落实该议程的方案和进展报告。其中，我国政府在《中国落实2030年可持续发展议程进展报告》中指出，推进并采用持续的消费和生产模式，建设具备抵御灾害能力的基础设施，促进具有包容性的可持续工业化，推动创新。我国将建设绿色化、节约化的资源循环利用体系作为政府工作的重要方向，先后出台《循环发展引领行动》《关于推进资源循环利用基地建设的指导意见》《工业固体废弃物资源综合利用评价管理暂行办法》等制度文件。

在企业层面，为应对上述挑战，越来越多的企业选择将传统供应链管理模式逐渐向可持续供应链管理（sustainable supply chain management, SSCM）方向转变，如在华为、宝马等企业的可持续发展报告中，纷纷提出了基于可持续供应链体系的新型发展模式。在企业实践中，SSCM最常见的形式便是绿色闭环供应链（green closed-loop supply chain, GCLSC），如图1.4所示，它强调供应链中企业对于废旧产品的回收及再制造，强调生产及运输过程中对于二氧化碳排放的控制。

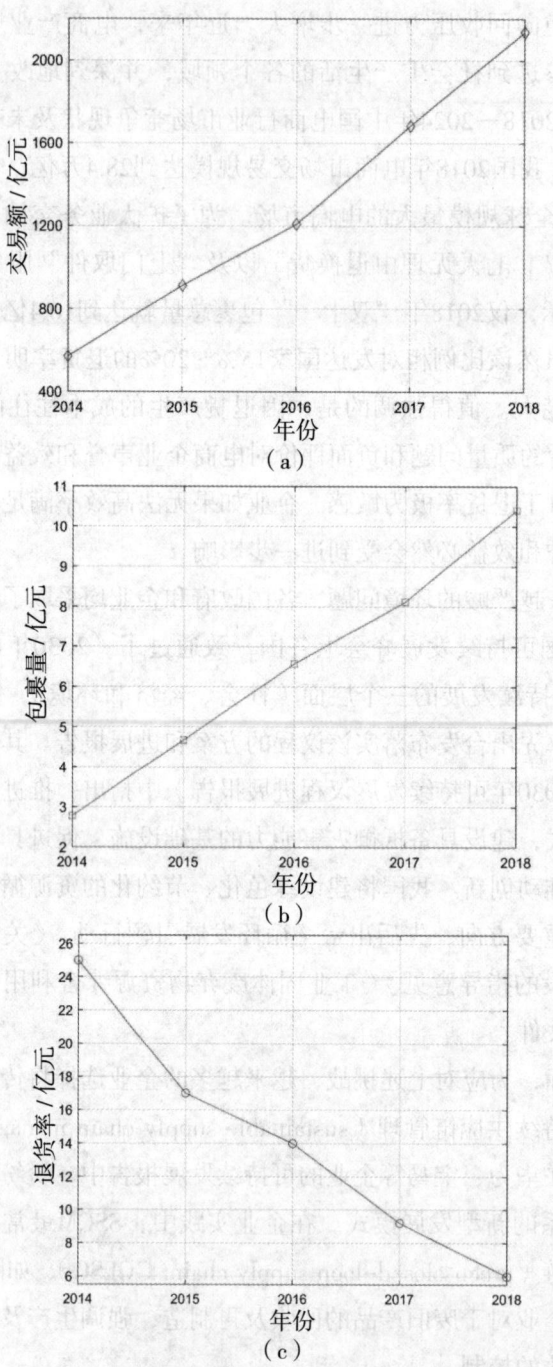

图1.3 2014~2018年天猫"双十一"交易额、包裹量与退货率统计
(a)交易额;(b)包裹量;(c)退货率

据相关统计，GCLSC这一模式与传统供应链模式相比，可节约物料成本近50%，减少固体废弃物近95%，降低水污染近76%。因此，GCLSC一经提出便受到社会和学术界的广泛关注。我国政府更是出台了相关法律，如《中华人民共和国循环经济促进法》，明确了企业对于废弃产品的回收责任制。在此背景下，在传统商品流通过程中，除了原有的正向流通之外，关于废弃产品的逆向回收正式成为企业物流中的重要一环。

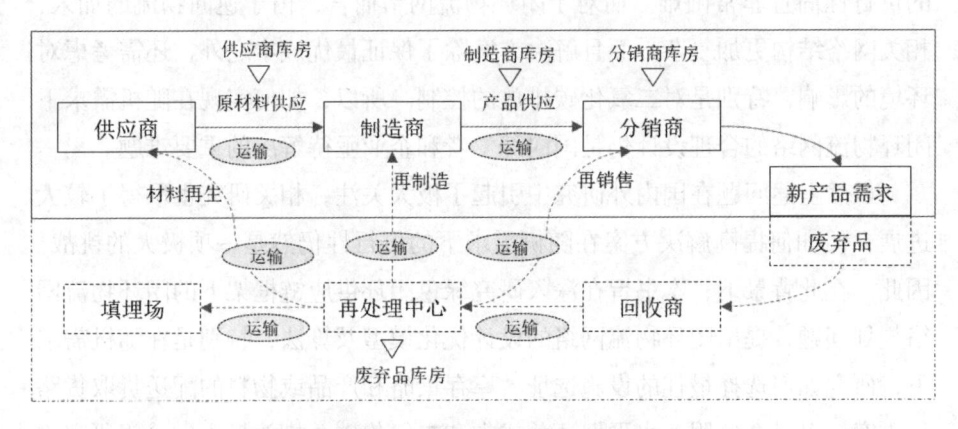

图1.4 绿色闭环供应链结构

需要指出的是，在产品的全生命周期过程中，物流活动对于环境的影响举足轻重，其产生的二氧化碳排放量可占总排放的15%，约占所有人类活动排放量的近7%。而且，其中运输过程的碳排放可占物流总排放的80%以上。根据埃森哲咨询公司发布的《世界经济论坛——供应链低碳化报告》，如果能科学合理地规划相关物流网络结构，全球每年可减少14亿吨以上的二氧化碳排放量。

因此，在绿色闭环供应链中，影响其效率的核心便是闭环物流网络。换言之，科学合理的物流网络可有效降低供应链运作成本，提高物料或产品转运效率，同时降低物流环节的二氧化碳排放量。然而，物流基础设施的投资成本及改造费用往往较高，相关设施一旦确定便难以改变。因此，合理的选址方案是保证物流网络效率的基础。而且，对于物流网络中最关键的仓储设施而言，其库存水平的规划合理与否直接影响着整个物流网络能否正常运转。且相关设施的库存水平同样与其二氧化碳排放量和库存成本直接相关。

因此，合理的库存策略对于降低物流网络成本和碳排放，保证物流网络的运作至关重要。另外，产品或物料的运输同样是影响物流网络运作效率的关键环节，而运输方案的合理与否很大程度上取决于配取路径网络的规划。由此可见，科学合理的物流网络规划对于绿色闭环供应链目标的实现至关重要。

但是，在复杂的环境下，实现上述目标仍是一项巨大的挑战。对于传统物流网络而言，虽然只有正向物流的存在，如何保证物流网络在随机需求下的可行性尚且非常困难。而对于闭环物流网络而言，由于逆向物流的加入，相关网络结构更加复杂，而且解决方案除了保证最优成本之外，还需考虑对环境的影响，特别是对二氧化碳排放的控制。所以，如何实现在随机需求下闭环物流网络的合理设计仍是国内外学者和企业亟待解决的重要难题。

虽然上述问题在国内外研究中引起了极大关注，相关研究也取得了较大进展，但如何提高解决方案在随机需求下的可行性仍然是一项极大的挑战。因此，在此背景下，本书旨在深入研究绿色闭环供应链框架下的闭环物流网络规划问题，提出闭环物流网络的设计优化模型及算法，特别是在随机需求下，研究如何选择最佳的设施选址、库存策略和产品或物料的配送货取货路径方案，以最高的服务水平保证总成本和二氧化碳总排放最小。希望研究成果可为提高供应链自身的可持续性和运作效益提供理论及方法支撑。

1.2 问题的提出

如前文所述，闭环物流网络规划是绿色闭环供应链运作的基础。一般而言，闭环物流网络包含正向物流及逆向物流两部分。闭环物流网络设计在供应链管理中通常属于战略性决策，其目的是希望其决策方案能以最低的成本、最高的效率满足正向物流以及逆向物流中的客户需求或回收需求，且将物流过程中的碳排放控制在较低水平。

在闭环物流网络设计中，物流关键设施的布局决定了供应链企业与客户之间、供应链企业与企业之间的空间物流匹配关系，而且该关系一旦形成，其更改的成本通常较大，因此就设施选址问题从战略规划层面决定了该网络的整体结构，其结果的质量从根本上影响着物流网络中正向与逆向作业成本和效率的高低。

在物流网络中，配送中心仓库等设施的库存策略（如盘点周期、库存水平等）对于网络总体物流成本有着重要影响。在正向物流中，如果配送中心库存水平较高，盘点周期间隔较短，则库存持有成本和补货成本一般较大；若库存水平较低，且盘点周期间隔较长，虽然相关成本降低，但可能出现物料或商品缺货问题。

此外，在逆向物流中，企业可借助正向物流配送过程回收相关产品，亦可形成专门回收机构形成逆向物流网络。企业将回收商品先存放于回收中心进行检验分析，然后再决定下一步如何处理。在这一过程中，回收中心的库存水平也将直接影响回收业务的质量，若库存容量过小，则可能无法快速满足客户的退换货需求；若库存容量过大，则造成库存成本的浪费。因此，合理设置闭环物流网络相关设施的库存策略对于降低物流成本至关重要。

物流运输配送路线的规划是日常商品配送及回收作业规划的重要组成部分，所有正向配送物流与逆向回收物流都依赖于相关的路径网络。因此合理的运输配送及回收路径规划对于提高物流网络运作效率、降低作业成本和碳排放具有重要意义。

综上所述，物流网络设计一般包含物流设施的选址决策、配取路径网络规划与设施库存策略优化等内容。

值得关注的是，需求的不确定性是导致物流网络规划问题难以解决的重要原因之一。例如，在设施选址问题中，满足客户的需求是选址方案的根本目的，但是需求的不确定性会导致选址方案确定的难度增加；在库存策略设计中，库存水平的设定同样与客户需求直接相关，需求的不确定同样使得如何确定合理的库存水平难度增加；在商品配送过程中，配取路径的最终目的地往往便是客户所在地，因此客户需求的不确定同样使得配取路径的选择难度大大增加。因此，在闭环物流网络设计中，如何解决需求的不确定性带来的问题是当前研究必须面对的难题。

在随机需求环境中，提高解决方案的最优性及可靠性是最重要的目标。

具体地，如何保证选址-库存-配送这一联合方案在需求随机的情况下仍能满足客户的需求、且相关总成本或排放指标都在最低水平，是提高该环境下相关方案可靠性的重要体现。当前，相关领域（如金融、电力、通信等）的研究成果表明，在设计规划阶段，决策者在不确定环境下的风险偏好对于决策方案的可行性和可靠性有着重要影响。例如，在金融投资组合问题中，风险规避型决策者更偏向于投资波动系数低、收益回报少的低风险项目，这样虽然可能导致最终的机会成本增加，但其决策仍能保证在不确定环境下收益。而风险喜好型决策者更倾向于投资风险系数大、回报高的项目，此种行为虽然在一定条件下可获得较高收益，但总体而言其承担的损失风险也更大。类似地，在供应链网络设计中，决策者的行为同样可以影响最终方案在不确定环境下的可靠性。Yu G等研究了在不确定设施失效环境下的选址问题，研究结果发现，当考虑决策者风险规避型偏好时，最优方案相对传统方法可更好地抵御失效带来的损失。而传统研究中，大多假设决策者在不确定环境均属于绝对理性，即风险中性，这往往导致决策结果随着环境的变化可行性降低。由此可见，在闭环物流网络设计问题中，考虑决策者的风险对提高其设计方案的可靠性可能具备一定的支撑。但是，由于风险偏好具有主观性和复杂性，如何准确量化在不同环境下的风险偏好，并将其融入闭环物流网络设计优化中，成为解决上述问题的关键。

此外，根据现有研究成果，闭环物流网络设计常见的问题，如设施选址问题、路径优化问题等，一般属于NP-hard问题。此类问题的求解时间一般随着规模的增大呈指数方式爆炸性增加，因此，在不确定环境下求解难度往往较大。所以，如何高效获得相关问题的最优解，同样是解决上述问题、保证相关研究方法和方案最优性和可行性的关键。

综上所述，为提高闭环供应链运作效益，有必要对其核心部分，即闭环物流网络的设计优化问题展开深入研究；由于随机需求对最终决策方案可行性的影响，有必要研究在随机需求下闭环物流网络的设计优化问题；此外，由于需求的不确定性对于设计方案的可行性和可靠性提出了更高要求，考虑决策者偏好的研究方法对于提高上述指标有着积极意义，而当前针对此问题的研究仍然不充分，因此有必要研究在随机需求环境下决策者偏好的闭环物流网络设计优化问题。另外，由于该优化问题本身的复杂性，对其相关模型进行高效准确求解又是另一个至关重要的问题，因此有必要研究针对上述问题的模型求解算法。

所以，基于上述分析，本书提出了随机需求下决策者偏好的闭环物流网络设计优化模型及其算法，内容涉及闭环物流网络的关键环节，即设施选址问题、库存策略设计，以及配取路径优化问题。相对于现有研究，本书更侧重于各关键环节的联合优化问题，比如闭环物流设施选址-配取路径优化、闭环物流设施选址-库存策略联合优化，以及闭环物流设施选址-库存策略-配取路径联合优化等，以期更加系统地提出闭环物流网络设计优化的解决方案。

1.3 国内外研究现状

闭环物流的现实意义引发了全世界的关注，国内外学者在闭环物流相关问题的研究中取得了丰富的研究成果。本章从闭环物流网络、设施选址、路径规划、库存策略优化及其联合问题研究等方面展开文献综述分析。为此，本书以Web of Science、CNKI数据库为基本搜索对象，以"闭环物流网络""随机需求""闭环物流设施选址""闭环选址路径""库存策略""选址-库存""规划""设计""closed loop logistics""closed loop facility location""reverse location inventory""design""planning"等关键词进行搜索，共得到相关文献873篇，其中外文文献554篇，中文文献319篇。图1.5相关统计显示，自2000年以来，关于闭环物流网络的相关研究总体呈快速上升的趋势，从图1.6所示的引用统计来看，相关研究成果受到越来越多的关注。由于本书更加关注闭环物流网络设计中的联合优化问题，通过进一步分析筛选，本书将以其中最有代表性的研究成果作为本章国内外研究现状分析的主要内容。

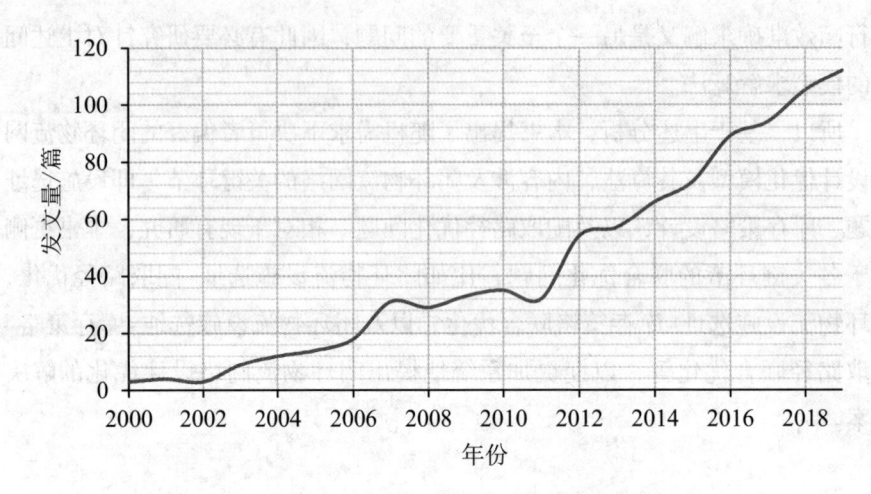

图1.5 相关文献年度发表量统计

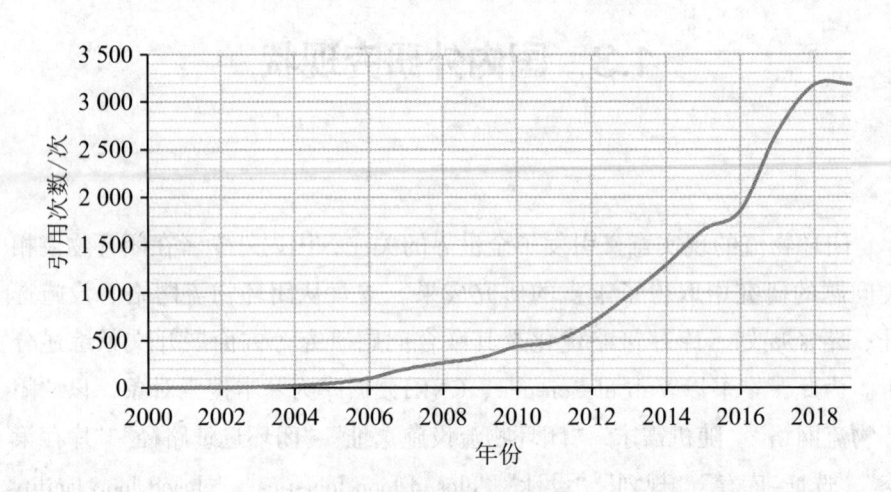

图1.6 年度引用量变化

1.3.1 闭环物流设施选址-配取路径联合优化研究

闭环物流设施选址-配取路径规划问题的实质是经典设施选址问题和车辆路径问题的融合，其中涉及的基本决策有设施选址决策和商品的配送回收路径优化决策。其中的每一个问题都是物流管理中的经典问题,特别是对于正向物流而言,其研究成果非常丰富。国内外相关的文献亦有着重分析和研究。

在早期的研究中,其研究对象大多针对确定型环境下的设施选址-配取路径问题。Alidi针对废弃物闭环物流设计问题提出了基于整数规划的优化模型,其中考虑了回收、加工等基础设施的选址与配送路径问题。Doulabi和Seifi研究了当设施具有无限制服务能力时,如何将给定数量的设施合理布局,并明确设施与客户之间的路径问题。为此,作者构建了一个混合整数规划模型,并以模拟退火算法对其求解。Albareda-Sambola、Diaz和Fernandez基于禁忌搜索算法深入研究了设施选址-路径优化问题,而且其模型可控制选址与路径规划方案在特定环境下的最优等级。Lin和Lei针对大规模设施选址-路径优化问题构建了一个双层规划模型,并提出了相应的遗传算法对其求解。Contardo、Hemmelmayr和Crainic将客户聚类思想融入设施选址与路径规划问题中,以降低问题结构的复杂性,基于此构建了相应的混合整数规划模型,并通过分支定界算法对其实现了精确求解。Barreto、Ferreira、Paixao和Santos基于客户聚类分析方法构建了设施选址-路径规划的优化模型,其目的是获得比非聚类问题效率更高的解决方案。特别需要指出的是,这种客户或区域聚类方法由于可有效降低问题的复杂程度,因此在该问题的研究中比较常见,比如Scheuerer、Zhao、Ioannou和Dessouky的研究。Min研究了多种产品回收情形下的设施选址-路径规划问题,构建了一个混合整数非线性优化模型并提出了基于拉格朗日松弛方法的求解算法。Kannan、Min分别研究了针对逆向物流的选址与路径规划问题,分别构建了一个混合整数规划模型并提出了遗传算法和粒子群算法对其求解。在此基础上,Min和Ko提出了一套遗传算法用于对上述问题快速求解。

在上述研究中,研究内容均假设客户需求为确定的,然而在现实中这种假设往往过于理想化,因此,在不确定环境下闭环物流设施选址-路径规划问题同样受到了学者的关注。Salema、Barbosa-Povoa和Novais深入研究了在随机需求下的闭环物流设施选址与路径规划问题,构建了相应的混合整数随机优化模型以使方案在随机环境下的总成本最小。接着Salema、Barbosa-Povoa和Novais将该问题进一步扩大化,从单时间周期的闭环物流设施选址与路径规划问题扩展到多周期环境中。

在闭环物流设施选址-路径规划问题中，为提高回收任务的执行效率，有的学者还将激励措施融入优化模型中。比如Aras和Aksen在研究回收中心选址以及取货路径规划问题时，将激励机制考虑进来，而且在后续研究中，又进一步考虑了政府与企业补贴在回收设施选址-路径优化问题中的影响，并构架了一个双层规划模型对该问题加以求解。Ge、Tian和Zhang同样构建了一个三阶段非线性优化模型以综合回收过程中的考虑选址决策与路径规划问题。

我国关于设施选址与路径规划等独立问题的研究成果非常丰富，但是对其联合问题研究起步相对国外较晚，代表性的研究成果比国外明显较少。汪寿阳、赵秋红和夏国平较早地研究了物流系统中的设施定位-运输车辆路径规划问题，并深入分析了相关求解算法。梁喜和凯文提出了一种考虑客户聚类与产品回收的两级闭环物流网络选址-路径优化模型，以最小化总成本和减少二氧化碳排放为目标，并提出了基于多目标进化算法对上述模型加以求解。李帅、郭海峰考虑了闭环物流网络中与正向和逆向物流相关的设施点选址、配送、运输、退货、车辆调度等因素构建了一个混合整数线性规划。王雅琛研究了再制造闭环供应链环境下的设施选址-路径问题，并将生态效率概念引入模型构建过程中。张潜、高立群和胡祥培通过文献综述的方式总结评述了设施选址与路径优化研究中的相关模型及两类精确算法和启发式算法。张军针对废旧家电逆向回收物流网络构建了基于集成定位-运输路线安排问题的废旧家电逆向回收物流网络优化模型，并提出了应用离散微粒群智能算法对其进行求解。

倘若将范围扩大到一般物流系统，又可发现一些相关研究。胡大伟研究了一般物流系统的设施选址与路径规划问题，并分别采用禁忌搜索算法及模拟退火算法对上述问题进行求解。赵志彦深入、系统地研究了中大型企业的物流配送系统若干定位-路径问题，综合利用径向基函数网络预测方法、定性定量相结合的随机约束规划方法及启发式方法等对该问题加以建模或求解。王雪峰、孙小明、郑柯威和杨芳提出了基于禁忌搜索及双种群蚁群算法的两阶段混合启发式算法对设施选址与路径规划问题加以求解。刘长石针对人道主义物流中的设施选址与路径规划问题进行了深入研究，并综合各种干扰事件、灾区路网情况、模糊需求量与时间窗限制等因素，以最小化运输时间为目标构建了相应的混合整数模糊规划模型，并通过混合蚁群算法对上述模型加以求解。

通过上述对闭环物流设施选址-路径规划领域的国内外研究成果的阐述可以发现，该研究近年来逐渐受到越来越多的关注，研究内容从最初的确定型问题逐渐深化到不确定的环境下。需要指出的是，现有研究基本都是在风险中性条件下进行的，即假设决策对不确定环境下的采取绝对理性的态度，而这往往是过于理想化的，而且风险中性条件下的规划模型在其他领域的相关研究中已被证实其可靠性难以得到保证。

1.3.2 闭环物流设施选址-库存策略联合优化研究

设施选址与库存策略优化同样是物流网络设计的重要内容，因此也受到了国内外学者较多的关注。但是，对于在闭环物流网络下二者的联合优化问题研究中，其代表性研究成果比较有限。

Ross、Khajehnezhad、Otieno和Aydas对三层闭环物流设施选址与库存在随机需求条件下的联合优化方案进行了深入研究，并构建了一个混合整数非线性规划模型，提出了基于拉格朗日松弛和启发式分支定界算法的求解算法。Diabat、Abdallah和Henschel在考虑备件配送下的闭环物流设施选址-库存联合优化问题，并构建了混合整数非线性规划模型和两阶段拉格朗日松弛算法对其求解。Gholamian和Nasri面向多层闭环供应链系统提出了一个混合整数非线性规划模型来解决选址与库存决策问题，而且在该模型中还考虑了运输延迟问题。Wang、Yao和Huang以中国的电子商务市场为背景，研究了该环境下的闭环物流设施选址与库存决策问题，并构建了一个双层规划模型来解决该问题。Zhang、Berenguer和Pan研究了在随机需求下的闭环物流设施选址-库存联合决策优化问题，该模型基于场景机会约束来保证服务质量可以维持在较高水平，构建的含机会约束的混合整数规划最终通过一个等价混合整数二次规划求解。Guo、Zhang和Han构建了一个混合整数非线性规划模型来解决闭环物流设施选址-库存问题，并提出了基于差分进化算法的启发式算法对其进行求解。Zhang、Berenguer和Pan考虑了在多级市场中的闭环物流设施选址与库存联合优化问题，并构建了混合整数非线性规划模型以及自适应差分进化算法对其进行求解。Yao、Wei和Wang重点研究了电商环境下因质量缺陷形成的闭环物流设施选址-库存策略问题，同时构建了一个非线性混合整数规划问题，并提出了改进的遗传算法对其求解。Li、Guo和Zhang将第三方物流融合到闭环物流设施选址与库存联合优化问题中，并构建了一个混合整数非线性规划模型，提出了基于差分进化遗传算法对其求解。

张震、李延晖和张琦研究了在多商品退货条件下的闭环选址库存问题，并提出了基于截断选择机制的改进混合差分进化算法对该模型进行求解。李延晖研究了随机需求下的考虑退货需求的设施选址与库存策略问题，并提出了线性混合整数规划模型和改进的自适应混合差分进化算法对其求解。卢猛猛研究了电子商务供应链物流系统中的闭环选址-库存决策集成优化模型，并提出了改进禁忌搜索算法和基于拉格朗日松弛算法的启发式算法。吴凯研究了多产品多来源无容量限制的选址-库存模型，并提出了基于二进制和随机数相结合编码的遗传算法对其进行求解。秦进、史峰和缪立新等研究了随机需求下面向多商品物流网络设计的选址-库存决策模型，构建了相应的混合整数非线性规划模型，并提出了组合模拟退火算法对其进行求解，以最小化总成本并保证一定的服务水平。黄松和杨超研究了随机需求下的联合选址库存模型，以最大化期望收益为目标，构建了相应的混合整数规划模型，并提出了基于拉格朗日松弛算法的两阶段算法。

在上述国内外研究成果中，大部分研究同样是基于风险中性这一假设展开。但是，有少量学者考虑风险规避型决策模型。例如，舒艺研究了在风险中断随机事件下的设施选址-库存模型，该研究基于均值-方差理论将风险态度系数融入供应中断下的四级设施选址-库存模型中，以提高设计方案的可靠性，而且提出了基于粒子群优化算法的求解算法。

1.3.3 闭环物流设施选址–库存策略–路径联合优化研究

闭环物流设施选址–库存策略–路径联合优化从整体上最能反映闭环物流网络的基本特征，因此国内外学者近年来对其展开了深入研究。

Liu、Chen和Li等研究了电商环境中随机需求下的设施选址–库存–路径规划问题，并提出了基于并行遗传和模拟退火算法的求解方法。Karakostas、Sifaleras和Georgiadis针对该问题构建了一个混合整数规划模型，并提出了基于变邻域搜索算法的求解办法。Zheng、Yin和Zhang构建了一个混合整数规划模型解决闭环供应链中的选址–库存–路径联合规划问题，并提出了通用的Bender's分解算法实现模型的准确求解。Zhalechian、Tavakkoli-Moghaddam、Zahiri和Mohammadi研究了在可持续闭环供应链环境下设施选址–库存策略–路径随机规划模型，该模型以最小化总成本和二氧化碳排放为目标，并提出了以混合元启发式算法对其求解。Liu和Lin提出了一个基于禁忌搜索和模拟退火的联合求解算法来解决该联合优化问题。Javid和Azad同样提出了基于禁忌搜索和模拟退火的联合求解算法来解决供应链网络设计中的选址–库存–路径优化问题。在该研究的基础上，Nekooghadirli、Tavakkoli-Moghaddam、Ghezavati和Javanmard将其拓展到多周期多产品多目标的选址–库存–路径优化问题，并提出了基于元启发式的多目标进化求解算法。Hiassat、Diabat和Rahwan研究了面向生鲜产品的闭环物流设施选址–库存–路径优化模型，为提高模型求解效率，该研究提出了基于遗传算法的求解方法以获得尽可能高质量的近似解。Deng、Li、Guo和Liu构建了基于混合蚁群算法的闭环物流设施选址–库存策略–路径优化模型，该模型考虑了电商环境中因质量问题而产生的退货需求。Kim和Lee以最小化总成本为目标，以回收网络为中心构建了包含选址–库存–路径的逆向物流网络设计优化模型，并将该问题扩展到多周期下的动态规划问题，该研究提出了两种基于禁忌搜索算法以实现对上述模型的快速求解。Guerrero、Prodhon、Velasco和Amaya以最小化总成本为目标构建了相应的混合整数联合规划模型，而且该模型通过多阶段序贯决策充分考虑了决策周期内未来阶段的需求变化，然后该研究提出了基于混合精确算法与启发算法的求解方案以加快问题的求解效率。Zhang、Qi、

Miao和Liu针对Guerrero、Prodhon、Velasco和Amaya等所构建的模型，提出基于分解策略的混合求解算法。

崔广彬在随机需求下提出了基于双层规划的供应链二级分销网络中的设施选址、车辆运输路线安排、库存控制的集成优化模型，并提出了一个启发式算法对其求解。杜丽敬和李延晖研究了一般物流系统的设施选址、库存控制和车辆路径问题，并以(Q,r)为库存策略的供应链二级分销网络为研究对象，建立了一个非线性混合整数随机优化模型，并提出了基于列生成和分支定界的集成算法。郭昊研究了电子商务环境下考虑退货的选址-库存-路径问题，并提出了相应混合整数优化模型和混合遗传模拟退火求解算法。唐金环、戢守峰和朱宝琳在选址-路径-库存集成问题中考虑了碳配额差值，构建了非线性整数规划模型，并提出了基于BFA-PSO的组合优化求解算法。唐金环从顾客"碳行为"偏好的角度进一步研究了选址-路径-库存联合优化问题，构建了一个混合整数多目标规模模型，并以标准化正规化的约束方法对其求解。何家强同样考虑了碳排放问题，研究了低碳化多源选址-路径-库存集成优化问题，并提出了粒子群-细菌觅食组合优化的模型求解算法。邢瑞辰提出了面向闭环供应链服务备件物流选址库存路径问题，并以最小化物流总成本为目标，在保证一定服务水平的前提下构建了0-1整数规划模型，并提出了模拟退火算法对该模型进行求解。吕飞研究了备件物流系统的带软时间窗的选址-库存-路径问题模型，并提出了基于拉格朗日松弛算法和禁忌搜索算法的混合式启发式算法来求解模型。吴迪、王诺、宋南奇和吴暖针对边远群岛海运物流体系这一特殊对象构建了相应的选址-库存-路径联合优化模型，并提出了一种基于遗传算法和模拟植物生长算法的混合算法。李昌兵和张斐敏综合考虑逆向物流网络中正逆向运输整合的路径优化策略，结合回收产品的可分批运输的特点，建立了选址-路径-库存问题的混合整数规划模型，并提出了两阶段启发式算法对其求解。乔佩利和王娜构建了闭环物流系统中集成选址-路径-库存问题的非线性混合整数规划模型，并提出了以两阶段启发式算法先选址，采用改进的禁忌搜索算法优化对上述模型加以求解。陈德慧和陈东彦针对B2C电子商务物流系统的特点，提出了选址-路径-库存问题的混合0-1整数模糊随机规划，并提出了基于禁忌搜索算法的两阶段混合启发算法对其进行求解。

1.3.4　国内外研究现状总结

通过上述对闭环物流网络设计相关的国内外研究成果的阐述可以发现当前研究呈现以下特点：

（1）闭环物流网络设计这一问题受到国内外学者越来越多的关注，每年研究成果发表量和交叉引用数量均急剧增加。特别是设施选址、库存策略与路径规划的联合优化问题已成为该领域研究的热点。

（2）当前成果从早期确定型环境下的研究逐步深化到不确定环境下的研究，且研究方法从混合整数线性规划逐渐扩展到非线性规划以及动态规划。研究方法的不断丰富使得该领域的研究逐渐成熟。

虽然当前研究近年来已取得了丰硕的成果，但是仍存在以下问题：

（1）现有大部分研究仍然以最小化经济成本为目标，考虑其他环境指标（如二氧化碳排放）的研究成果仍然有限，这从一定程度上制约了闭环物流系统环境友好性的进一步提升。

（2）在不确定环境下，当前研究大多关注如何通过联合优化模型提高决策方案的可行性，而对如何提高其可靠性关注仍然有限。当前研究大多基于风险中性这一假设展开，这在现实中无法保证优化结果在所有不确定情形下均可行。

（3）由于联合优化问题的复杂性，如何实现对其优化模型的快速准确求解始终是该领域面临的一大挑战。

综上所述，本书将致力于随机需求下的闭环物流网络设计优化问题研究，期望基于风险规避型决策方法构建相应的联合优化模型，并寻求具有较高精度与效率的求解算法，以增强决策方案在不确定环境下的可行性与可靠性。

1.4　研究目的及意义

1.4.1　研究目的

闭环物流网络设计优化问题对于解决社会经济发展过程中因不合理的资源配置及管理造成的环境问题有着重要意义。本书将综合运用绿色供应链理论、物流网络设计方法、风险控制方法、最优化方法等，针对具体问题构建相关决策模型并提出对应的求解算法。本书将重点研究在随机需求下考虑风险规避型风险偏好的闭环物流网络设计优化方法，具体目的如下：

（1）提出随机需求下的风险规避型闭环物流网络设计优化体系，从设施选址、库存策略及配取路径优化等关键环节入手，研究上述关键问题的联合优化模型，提出面向随机需求的闭环物流网络设计方法体系，从总体上给出解决该问题的技术方案。

（2）提出随机需求下风险规避型设施选址-配取路径优化、设施选址-库存策略联合优化、设施选址-库存策略-取路径联合优化问题的相关模型，并给出相应的求解算法。

（3）针对不同具体问题构建相应的风险规避型决策优化模型，以量化并控制在随机需求下规划所得方案的风险。

1.4.2　研究意义

（1）理论意义。

闭环物流网络设计优化的研究起步较晚，国内外研究成果相对较少，考虑决策者风险偏好的研究更少。相对于当前研究，本书旨在提出在随机需求下风险规避型闭环物流网络设计优化方法体系，该体系可以保证该网络以最低的总成本最大化满足客户的需求，且将碳排放维持在较低水平。该体系融合绿色供应链理论、物流网络设计方法、风险控制方法、最优化方法等，形成一套系统的面向闭环物流网络设计的方法体系，以期进一步丰富和拓展绿色供应链管理理论和方法。

本书首先以随机需求下风险规避型设施选址-配取路径优化为切入点，搭建闭环物流网络的基本结构；进而面向设施选址-库存策略问题的联合优化展开研究，着重解决在随机需求下的库存策略问题；最后统筹考虑设施选址-库存策略-选址-配取路径优化问题的联合优化。此外，为获得上述模型的解，本书提出了相关求解算法，进一步完善上述理论与方法体系。

（2）实际意义。

本书针对绿色供应链中的核心部分闭环物流网络设计问题展开深入研究，特别是研究在随机需求下如何提高设计方案的可行性和可靠性。该问题源于现实中存在的实际问题，如电商物流、家电行业、钢铁行业等均存在本书所述相关问题。本书综合采用绿色供应链理论、物流网络设计方法、风险控制方法、最优化方法等理论方法，系统提出闭环物流网络设计的模型和求解算法，相关研究成果对于提高企业对客户需求的响应能力，提高物流网络的运转效率，减少随机需求下的运作成本、碳排放等具有重要指导意义和实际意义。

1.5 研究内容及整体结构

通过对现有研究成果的深入分析，可以总结发现针对物流网络设计问题的关键内容一般包括设施选址、配取路径优化及库存策略设计等方面。基于此，综合考虑市场需求的不确定性和决策者的风险态度，本书从联合优化的角度将总体内容分为以下六个章节，如图1.7所示，具体研究内容如下：

第1章，绪论。介绍本书的研究背景和研究意义，阐述本书的主要研究内容和结构框架。对国内外相关文献进行整理并分析国内外相关研究成果，通过总结性评述指出了本书的研究思路和视角。

第2章，研究随机需求下风险规避型闭环物流网络设计总体方案及关键问题，从整体上提出该问题解决的方法，并进一步明确该问题的关键环节以及风险决策中风险态度的度量方法。

第3章，研究随机需求下风险规避型闭环物流设施选址–配取路径优化问题。以控制开放设施数和日常运营的总成本、确保二氧化碳排放控制在一定水平为目标，结合一致性条件风险值度量方法，构建风险规避型0-1混合整数非线性设施选址–配取路径优化模型。针对该模型，提出一类分段McCormick envelopes精确求解算法，以有效地获得问题的下界，更容易得到问题的解。针对大规模联合优化问题，提出基于改进免疫遗传算法的求解方法，以提高模型的求解效率。最后，通过某一电商闭环物流设计工程案例验证所提方法的有效性。

第4章，研究随机需求下风险规避型闭环物流设施选址–库存策略联合优化问题。以机会约束描述决策者的风险偏好，基于此提出的优化模型以确定正向配送中心和逆向配送中心的位置和相应的容量、配送中心库存策略的盘点周期等问题。为快速求解上述问题，提出了线性重构和两阶段贪婪分解搜索规则的启发式求解算法。最后，基于上述电商企业闭环物流设计案例对本章的研究成果加以验证。

第5章，研究随机需求下规避型闭环物流设施选址–库存策略–配取路径联合优化问题。提出的模型以最小化设施建设成本、库存成本、正向及逆向运输成本为目标，明确各设施的选址方案、订货策略及配取路径方案，同时保证碳排放在风险规避型偏好下低于特定水平。由于该模型自身的复杂性，本书提出了基于二阶随机占优策略的风险规避型模型和基于抽样平均近似的求解算法，用于高效求解上述模型。最后，通过上述电商企业关于闭环物流网络设计的案例对本章所提模型及算法加以验证。

第6章，结论与展望。对本书进行总结，阐述本书研究的不足之处，并提出下一步研究的思路。

1.6 课题来源

本书的研究课题来源主要包括国家自然科学基金青年项目"面向废旧机械产品广义生长的再制造服务动态组合机制研究"（NO.51805385）。

1.7 本章小结

本章对本书的选题背景、研究目的及意义、课题来源等进行了介绍，并针对国内外闭环物流网络设计优化研究的现状进行了综述，最后对本书的主要内容进行了阐述，为后续研究内容的阐述奠定了基础。

1.5 本书框架

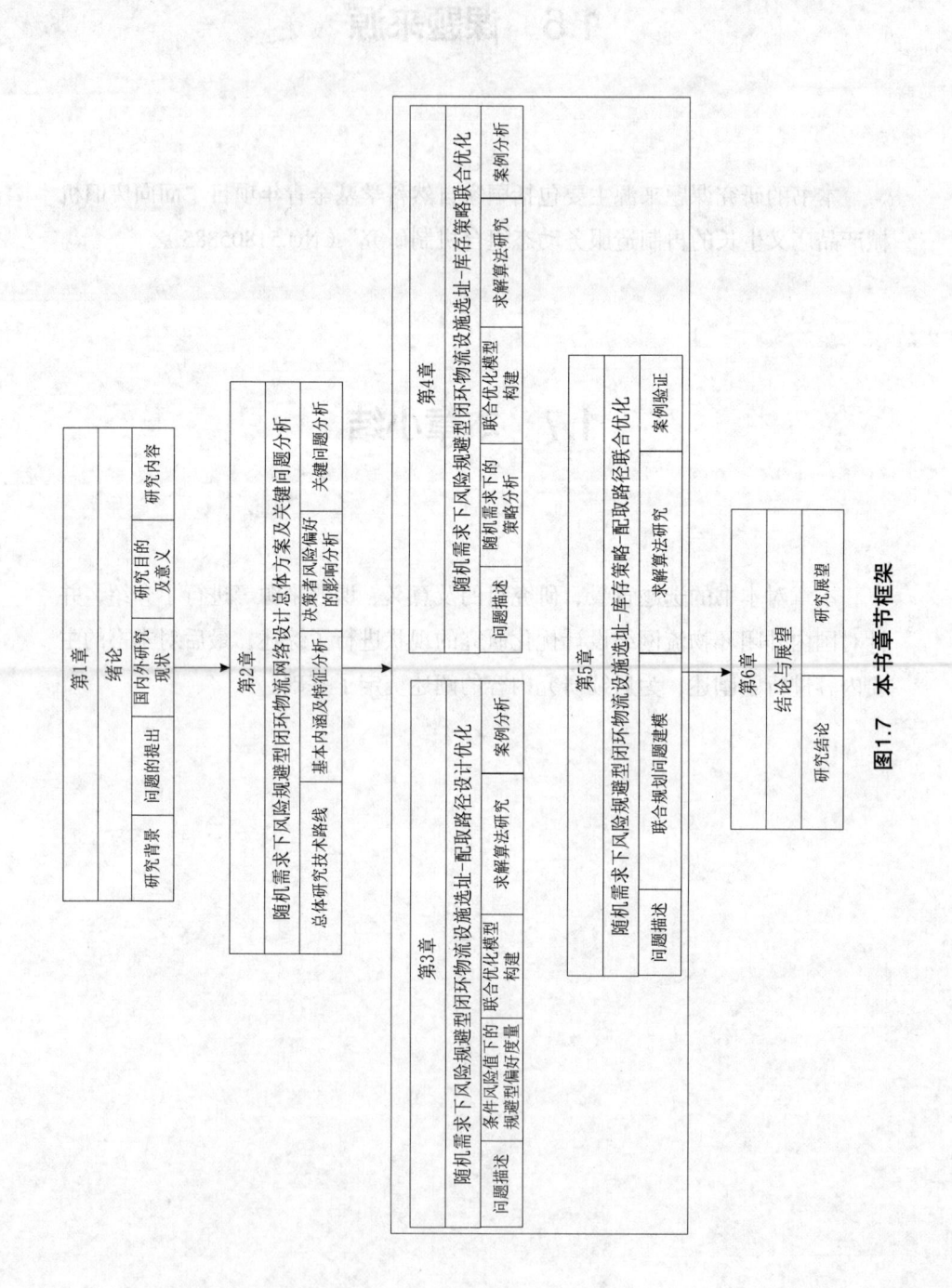

第1章 绪论
- 研究背景
- 问题的提出
- 国内外研究现状
- 研究目的及意义
- 研究内容

第2章 随机需求下风险规避型闭环物流网络设计总体方案及关键问题分析
- 总体研究技术路线
- 基本内涵及特征分析
- 决策者风险偏好的影响分析
- 关键问题分析

第3章 随机需求下风险规避型闭环物流设施选址-配取路径设计优化
- 问题描述
- 条件风险值下的规避型偏好度量
- 联合规划型闭环物流优化模型构建
- 求解算法研究
- 案例分析

第4章 随机需求下风险规避型闭环物流设施选址-库存策略联合优化
- 问题描述
- 随机需求下的策略分析
- 联合优化模型构建
- 求解算法研究
- 案例分析

第5章 随机需求下风险规避型闭环物流设施选址-库存策略-配取路径联合优化
- 问题描述
- 联合规划问题建模
- 求解算法研究
- 案例验证

第6章 结论与展望
- 研究结论
- 研究展望

图1.7 本书章节框架

第2章　随机需求下风险规避型闭环物流网络设计总体方案及关键问题分析

本章主要研究在随机需求下风险规避型闭环物流网络设计优化的总体思路和技术路线，目标是提出系统的设计方案，并明确其中的关键问题。首先，本章分析了闭环物流网络设计基本内涵和特征，基于此综合供应链设计理论、最优化方法及风险管理理论等系统提出了随机需求下风险规避型闭环物流网络设计优化总体框架；然后，针对其中的关键问题，从设施选址、库存策略、配取路径优化及风险偏好度量四个方面展开分析，为后续研究的展开奠定基础。而且，后续第3章至第5章中的风险规避型闭环物流设施选址-配取路径优化、设施选址-库存策略优化、设施选址-库存策略-配取路径等内容均是以本章内容为基础进一步深入展开的。

2.1　引言

闭环物流网络设计的根本目标是为了满足客户的需求。但是，在现实生活中，客户的需求随季节、产品特性等因素的变化往往具有一定的不确定性，这对于提高物流网络规划方案的可行性和可靠性有了更高要求。

合理的闭环物流网络设计方案需从战略设施选址决策与战术库存策略和选址-配取路径规划等方面入手，而且战略层面的设施选址决策与战术层面的库存策略和选址-配取路径规划相互支持、相互影响。所以，为保证闭环物流网络设计方案的可行性和可靠性，有必要从系统角度提出在随机需求环境下闭环物流网络设计的总体方案，并明确上述内容中的关键问题，进而为该问题的解决提供总体指导。

为此，本章节将基于对闭环物流网络的基本特征，分析其设计过程中的关键环节和内容，综合绿色供应链管理理论、最优化理论等方法，构建闭环物流网络设计的总体框架和技术路线；然后分析其中的关键问题并给出解决思路。本章研究将相关关键问题的解决方案有机融合为一个系统的理论方法体系。

2.2 总体研究方案

为实现本书的研究目标，本节将详细阐述该研究的总体思路，如图2.1所示，基于前文对研究背景和基本内容的分析，本书研究共包含四个阶段：基础研究、总体研究、关键技术详细研究及应用研究。其中，在基础研究阶段，主要内容为随机需求下闭环物流网络及其设计的基本内涵和特征分析、不确定环境下决策者风险偏好与可靠性关系分析；总体研究阶段，将重点研究随机需求下闭环物流网络设计优化总体框架、技术路线及关键问题；关键技术详细研究阶段针对总体框架中的关键问题提出相应的解决方案，其中包括随机需求下的闭环物流网络设计优化研究等内容；最后，在应用研究阶段，将以工程实例为背景，通过应用验证所提相关方法的有效性。上述四个阶段中的具体内容如图2.1所示。

第一阶段：基础研究。

第2章 随机需求下风险规避型闭环物流网络设计总体方案及关键问题分析

基础研究
- 随机需求下闭环物流网络及其设计基本内涵和特征分析
- 风险偏好对不确定环境下的决策影响分析

总体研究
- 随机需求下风险规避型闭环物流网络设计总体技术路线
  - *绿色供应链理论
  - *闭环物流网络理论
  - *风险控制理论
  - *最优化方法

关键技术详细研究
- 随机需求下风险规避型闭环物流设施选址-配取路径优化
  - *随机优化
  - *条件风险值度量方法
  - *精确求解算法
- 随机需求下风险规避型闭环物流设施选址-库存策略联合优化
  - *库存理论
  - *机会约束理论
  - *随机优化
  - *大规模近似求解算法
- 随机需求下风险规避型闭环物流设施选址-库存策略-配送路径联合优化
  - *随机优化
  - *智能算法
  - *物流网络设计理论
  - *随机占优方法

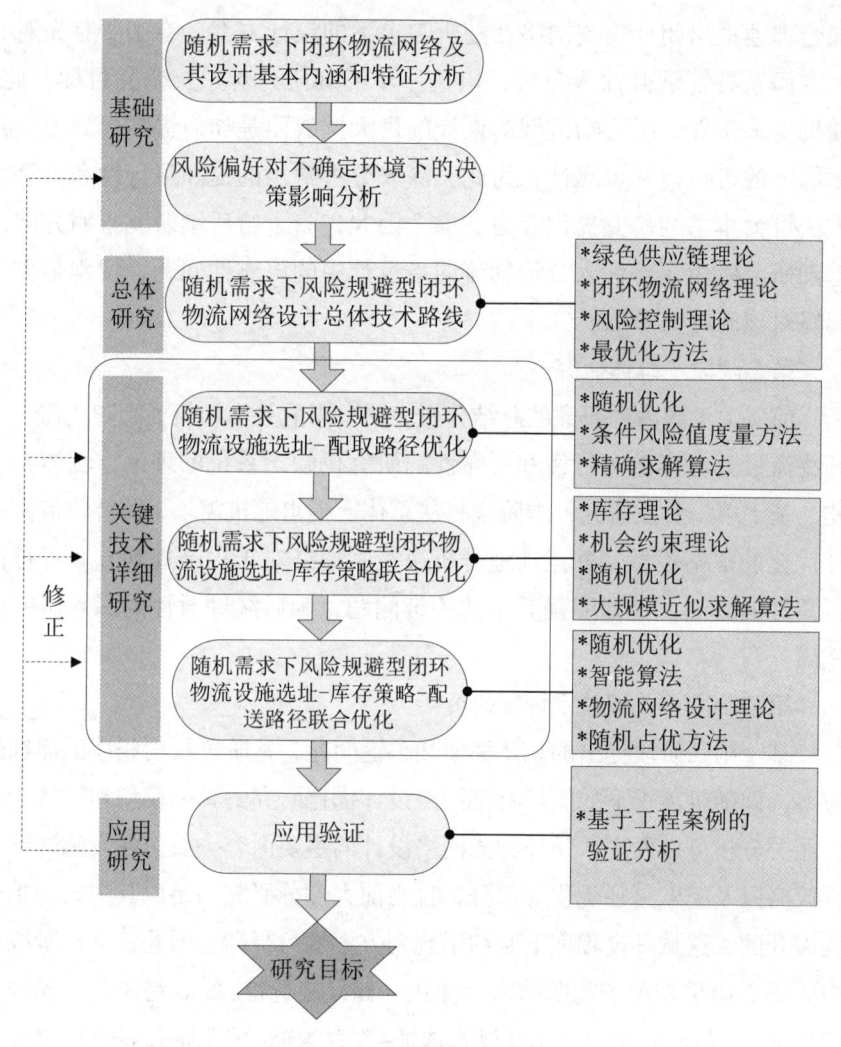

应用研究
- 应用验证
  - *基于工程案例的验证分析

修正

研究目标

图2.1 研究总体技术路线

闭环物流网络相对传统物流网络而言还是新兴事物,其在结构及功能上虽有共通之处,但也存在较大差异。例如,闭环物流网络除传统物流仓储配送之外,还侧重于对废弃物或退换商品的收集和处理。功能上的差异必然导致结构上的不同,比如在闭环物流网络中,通常存在传统物流网络中没有的回收中心等设施。由此可见闭环物流网络相对于传统物流网络结构更加复杂,在随机需求下闭环物流网络设计需要考虑的因素更多。为更加合理地提出闭环物流网络在随机需求下的设计方案，有必要首先对其基本内涵及特征展开深入分析，以进一步明确研究对象及研究目标。此外，随机需求条件下闭环物流网络设计的最大挑战便是如何提高规划方案在此环境下的可行性和可靠性，为此，深入分析常用的提高可行性和可靠性的方法可为本书的研究提供有力支撑。因此，为了给后续研究指明方向，在基础研究阶段还将深入分析物流网络设计中的可靠性问题，特别是决策者偏好对该问题的影响。

第二阶段：总体研究。

前文关于国内外研究的总结分析表明，当前关于如何提高随机需求下闭环物流设计方案的可行性和可靠性的研究仍缺乏系统的理论方法体系。为此，基于第一阶段研究，本阶段将从总体上提出随机需求下闭环物流网络设计优化的框架模型，并定性地分析决策者偏好对于提高规划方案可行性和可靠性的影响，进而明确其中的关键问题，为后续针对性的深入研究奠定基础。

第三阶段：关键技术详细研究。

基于第二阶段提出的总体框架和关键问题，本阶段提出相应的详细解决方案，即随机需求下的闭环物流网络设计优化研究的具体模型和算法。由前文相关分析可以发现，闭环物流网络设计的主要内容一般包括设施选址、库存策略以及配取路径优化等部分，且当前大部分研究均是以其中某一单个问题展开的，这从一定程度上制约了规划方案的可行性。因此，在本阶段研究中，将更侧重相关子问题的联合优化，如设施选址-配取路径联合规划、设施选址-库存策略联合优化及设施选址-库存策略-配取路径联合优化等。此外，基于随机需求的基本类型，本书提出从随机需求角度展开深入研究，针对上述关键问题提出相应的优化设计方法。

第四阶段：应用研究。

为验证本书所提随机需求下闭环物流网络规划方案的可行性和可靠性，本阶段将基于电商闭环物流网络设计工程案例，将上述方法加以应用模拟，展开相应的数值实验和案例分析，通过与传统设计方法所得结果进行对比，验证本书所提方法在提高规划方案可行性和可靠性方面的价值。

2.3 闭环物流网络的基本内涵和特征

2.3.1 基本内涵

闭环物流概念的提出者斯托克认为,闭环物流是正向物流、逆向物流与存储能力的集成。其本质上是对产品的生产交付过程与回收再利用过程的集成,体现了"原料-制造-消费-原料"的反馈式闭环过程。因此,从系统学角度而言,闭环物流系统的主要组成要素便是正向物流、逆向物流与仓储等部分。为节约运营成本,逆向物流的基本实体往往是依赖于正向物流直接或间接形成。也就是说,原材料通过正向物流转换成商品流入市场,而这一过程中的不合格品、废弃品或其他原因导致的退换货及包装等被生产者或企业相关部门收回,而回收作业可由企业直接负责,亦可委托第三方负责。回收的商品将在指定部门(如回收中心)进行分析检测,以确定其被再利用的价值。这一逆向物流过程中回收商品的种类、规模以及再处理方式等显然都依赖于正向物流过程,而且对于再利用价值较高的回收商品,其本身或部分零部件将重新进入正向物流过程中。

由于逆向物流的存在,闭环物流可有效降低供应链中物料的浪费。同时,如果在供应链中每一节点加强对于上游产品质量的监督,即遵循下游节点即是上游节点客户这一理念,闭环物流可有效降低不合格产品的比率,提高最终交付产品的质量。这样一来,又可有效降低逆向物流的压力,从整体上提高运作效率,降低成本,提高质量。

对于闭环物流网络而言,如图2.2所示,其节点一般包含闭环物流中的关键实体和市场两部分。关键实体一般涉及生产、存储、分销等相关的基础设施。而不同实体之间的相互关联,如物料或商品的流动、信息的共享、成本的分担等,则构成了闭环物流网络的连边。而且,物流运输网络是其中最直接、最关键的关联要素。由此可见,该网络结构从根本上决定着闭环物流系统的运作效率。

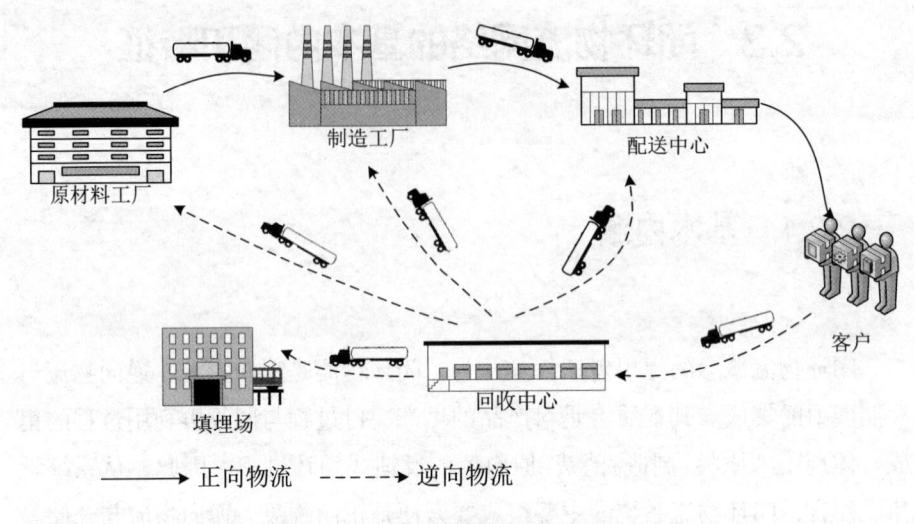

图2.2　闭环物流网络实体结构图

2.3.2　基本特征

从闭环物流网络的基本内涵和网络结构可以看出，与传统物流相比，闭环物流不论是一般结构还是内部关联程度等都更加复杂。经综合分析，其特征一般表现在以下几个方面。

①复杂程度更高。闭环物流网络不管是结构还是功能，相对于传统物流网络都更加复杂。如图2.2所示，由于商品回收需求的存在，相对于传统网络，闭环物流网络会存在诸如回收中心等实体元素，以实现新功能。而且，从运作层面看，相对于传统网络，其要素之间的关联影响更加复杂，比如正向物流仓库与逆向物流仓库是否共享、是否采用相同的库存策略等，诸如此类的问题在传统物流系统中均是不存在的。

②不确定性更强。在传统物流网络中，客户需求是外部环境的不确定性的主要来源。而且该需求仅仅包含客户对于商品的正向需求情况。但是，在逆向物流中，客户对于产品的退换货需求同样存在，且同样具有不确定性。

而且，逆向物流中的需求与正向物流需求存在一定的依赖关系，由此导致系统内的不确定因素及其特性更加难以处理。

③多目标特性。传统物流系统往往以追求更高的流通效率、更低的运作成本和更高的利润等这些经济指标的最佳化为目标。而在闭环物流中，除上述经济指标外，对于环境及可持续发展方面的相关指标同样至关重要。比如，如何用最低的成本保证系统二氧化碳的排放维持在较低水平，同时满足客户对于产品及退换货等的需求。这显然是一个多目标的综合效益最大化问题。

因此，相对于传统物流网络，闭环物流网络呈现出更多更复杂的基本特征，这大大增加了闭环物流系统运营的难度，而这也更加凸显了本书研究的必要性。

2.4 闭环物流网络设计的基本目标和原则

如前文所述，闭环物流网络是闭环供应链的核心，而闭环物流网络的设计合理与否直接决定了整个供应链网络运行的效率与成本。本节将阐述闭环物流网络设计的基本原则和目标，以为后续研究指明方向。

2.4.1 基本目标

闭环物流网络本质上是对相关物料流动方式的变革，即从传统的"原料−制造−消费"单向模式向"原料−制造−消费−原料"这一循环系统的转变。这一转变使得闭环物流网络相对于传统物流系统变得更加复杂，其设计难度大大增加。由闭环物流网络的基本特征可知，其本身一般呈现多目标特性，这使得其设计目标同样需综合考虑多种目标。在闭环物流网络设计中，网络结构从根本上决定了整个系统运营效率和成本，因此闭环物流网络的结构设计是本书最核心的内容。其设计总体目标包含以下方面。

首先，物流成本最小化。不管是传统物流还是闭环物流，物流成本是总成本的主要组成部分，也是决定企业最终受益的最重要影响因素之一。因此，在闭环物流网络设计中，应从长远考虑，使得其总物流成本最小化。具体的，在物流成本中，即包含基础设施的投资建设成本，也包含产品配送过程中的运输成本，还涵盖仓储过程中相应的库存成本。

其次，客户满意度最大化。供应链中的客户不仅仅是市场中的客户，还指网络中的下游环节相对于上游环节而言。在日常运作过程中，不管是市场客户还是下游环节，其对物料或商品的需求通常都有时间、质量、数量等约束。能否满足市场客户的需求，直接决定了企业在市场中能否立足；能否满足下游环节的需求，直接影响着该网络能否稳定运行。因此，追求客户满意度最大化的方案是闭环物流设计时应该考虑的重要目标。

再次，环境友好性最大化。虽然闭环物流系统本身对于降低产品浪费和环境污染有着巨大意义，但是，在物流网络运作过程中还不得不考虑其他因素，如碳排放对于环境的污染。据统计，基础设施本身和运输过程的碳排放量是闭环物流网络碳排放总量的主要来源，合理地部署相关设施和对配取路径进行合理规划可有效降低二氧化碳排放。因此，如何降低碳排放也是闭环物流设计中应考虑的一个主要目标。

最后，保证设计方案在不确定环境下具有较高的可靠性。闭环物流网络的不确定性对其设计方案的合理性提出了更高要求。传统基于风险中性假设的研究很难保证设计方案在不确定情形下仍然具有较高的可行性，特别是对于发生概率较小，但是影响较大的不确定事件。因此，如何提高闭环物流网络设计方案在此情形下的可行性，即提高其方案的可靠性同样是闭环物流网络设计应考虑的问题。

为实现上述三个总体目标，本书从以下几个方面展开论述。

（1）系统全面分析闭环物流网络结构各要素的内在关联，为合理设计整个网络奠定基础。由于闭环物流网络自身结构、任务过程、资源及客户等各方面的复杂关系，使得相关设计在不确定的需求下难以准确计算。因此，本书期望通过综合运用绿色供应链理论、运筹学等方法，系统全面表达闭环物流网络结构、任务过程、资源及客户等各方面的关联，为提高设计决策方案的合理性奠定基础。

（2）提高设施选址、库存策略及配取路径等问题的模型合理性，并充分融合方案可靠性相关措施。闭环物流网络设计模型主要包含设施选址、库存策略及配取路径等问题，如何就这些问题在随机需求下进行合理建模是提高设计方案可行性的基础，而且如何将可靠性指标纳入优化模型中，同样是本书研究的具体目标之一。

（3）提高闭环物流网络设计优化模型的求解效率。闭环物流网络设计涉及设施选址、库存策略及配取路径等问题，本质上属于NP-hard问题，由于该问题的复杂性，如何实现快速准确求解是学术界一直研究的热点之一。因此，研究具有准确高效求解能力的相关算法也是本书研究的重要任务之一。

2.4.2 基本原则

为实现上述目标，在闭环物流网络设计时，应遵循以下原则。

（1）系统性原则。在闭环物流网络中，设施选址、库存策略与商品配送等各环节均相互影响，且各基础设施与客户之间均存在的紧密关联，正向物流与逆向物流在结构上和功能上具有一定依赖性和交叉性。各配送中心仓库采用何种库存策略对于运作效率有着重要影响，正向物流设施与逆向物流设施是否共享对于物流成本也有着直接影响。因此，在闭环物流网络设计时，应从系统层面整体考虑，以提高设计方案的可行性。

（2）真实性原则。构建的闭环物流网络设计优化模型应较好地反映实际过程，准确表达随机需求下各部分之间的关系、目标和现实约束。

（3）简洁性原则。由于问题的复杂性，闭环物流网络设计优化模型应在满足真实性原则的基础上尽可能简洁，以提高模型的可读性，并为其求解提供便利。

（4）渐进性原则。由于闭环物流网络设计问题的复杂性，实现上述研究目标极为困难。因此，在问题解决过程中，应遵循从简单到复杂、从单一到联合的原则进行。

2.5 风险偏好对闭环物流网络规划决策的影响分析

风险偏好又称风险态度，其中涉及"风险"和"偏好"两个名词的定义。如果"风险"被定义为"可能对一个或多个目标产生积极或消极影响的不确定性"，则"偏好"可以被定义为"对事实或状态的选择心态、观点或处置方式"。在管理实践中，不同的决策者针对相同的情况可能持有不同的偏好，这会导致最终决策行为的差异。通过大量研究，当前学术界将风险偏好态度一般分为如下几类。

（1）风险中性（Risk-neutral）。在供应链管理中，决策者或行为主体为风险中性是最常见的一种假设，它表示这些主体在不确定环境下既不冒险也不保守，且完全相信所做决策带来的收益或成本与无风险情形下是一样的。基于该假设，在相关的研究中均是单纯以期望收益或期望成本作为优化目标。

（2）风险喜好型（Risk-seeking）。持这种态度的决策者或行为主体也被称为乐观主义者，因为他们倾向于将所有情况视为积极的，能带来正向收益的。换言之，该类决策者在做决定时更倾向于追求风险，相对于方案的稳定性，其更钟情于波动性，以求低概率下的更大收益。

（3）风险规避型（Risk-averse）。持这种态度的决策者或行为主体也被称为保守主义者，在他们看来，针对同一问题，在确定情况下所做决策获得的收益一般要比不确定性情况下的收益高。此类决策者在面对不确定风险时更加追求收益的稳定性。在风险管理领域，风险规避型决策是风险管控的最常用策略，在金融投资、电力控制等领域已广泛应用并取得了良好效果。

上述三种常用的风险偏好在不确定环境下对收益的影响如图2.3所示。

从图中可以看出，在同一情形下，风险喜好型决策方案通常可以带来最大的收益，而风险规避型最低。这从表面上看起来风险喜好型决策对于企业经营更有帮助，但是风险喜好型决策方案容易忽略不确定环境下的风险因素对于系统造成的损失，特别是对于供应链系统而言，参与其中的企业形成该联盟的初衷便是成本分担与风险共御，以求在竞争越来越激烈的市场中求得一席之地，因此，从长期经营与服务客户的角度而言，风险喜好型决策并不能稳定存在于供应链网络中。

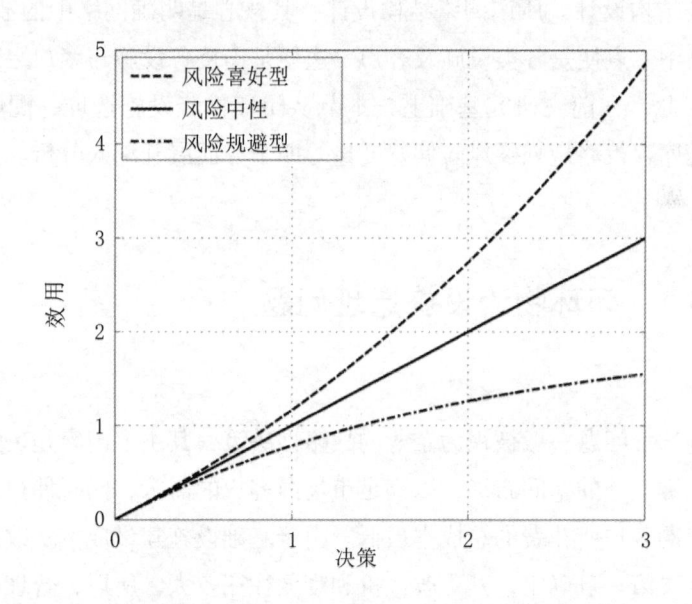

图2.3 风险中性、风险喜好型与风险规避型决策对于收益的影响

反观风险规避型决策者，其出发点便是如何规避或抵御不确定的风险因素对自身的影响，以保证其决策面对这些风险时仍然具有可行性，即其决策是以提高方案在不确定环境下的可靠性为目的，这与供应链网络的初衷相吻合。所以，近年来，风险规避型决策方法在供应链管理领域受到了越来越多的关注。然而，对于供应链领域的新生事物——闭环物流网络而言，相关研究依然较少，因此，为保证闭环物流网络运行的可靠性，有必要从风险规避型决策角度出发展开深入研究。

2.6 闭环物流网络设计关键问题分析

闭环物流网络设计的复杂性非常高，为提高其理论价值和应用价值，使研究成果更有针对性，有必要就其关键问题加以深入分析研究。由于闭环供应链系统设计的核心之一是闭环物流网络设计，因而闭环物流网络设计的关键便是其结构设计。所谓网络结构设计，其核心是明确网络中的节点和边。闭环网络中节点便是各类设施及客户，边便是连接各设施与客户之间的物流关系。因此，在前文研究基础上，本节从闭环物流设施选址、配取路径规划、设施库存策略规划及风险偏好度量等四个方面展开深入分析。

2.6.1 闭环物流设施选址问题

设施选址问题一般被视为企业的战略性决策，其主要内容是决定物流网络中的关键设施的空间布局，以满足市场内客户的需求，同时使得每个设施服务相应的客户所花费的总成本最低。由于基础设施建设成本及改造成本较高，选址决策一旦确定，其更改代价和难度往往较大，所以，合理的选址方案对于降低企业的长期运营成本至关重要。对于闭环物流网络而言，除传统的正向物流设施外，逆向物流中的回收中心等关键设施及回收需求的加入使得该问题变得更加复杂。选址方案的合理性对于闭环物流网络十分重要。

由于闭环选址问题的战略性作用，其决策结果在随机需求下的可靠与否对整个网络的可靠性更是举足轻重。闭环选址决策的可靠性体现在不确定的正向产品需求与逆向回收需求下，如何合理布局上述关键设施，使得在特定预算下客户需求的不满足率最低。这里，当设施与客户之间超过一定距离，或者设施服务能力无法覆盖相关的客户时，即可视为需求无法得到满足。

此外，在设施选址决策中，设施为客户提供服务是基于对正向需求产品的运输与逆向退换货产品的回收实现的。在商品运输过程中，二氧化碳的排放是闭环物流系统总排放的主要来源，加上设施自身为满足一定仓储需求排放的二氧化碳，其总量必须满足相应的排放要求。此时，如何综合考虑闭环选址决策和绿色指标要求，又是闭环物流网络能否实现其总体目标的关键。

因此，如何在随机需求下合理设计设施选址方案，以最低的总成本满足更多的客户需求，同时尽可能降低二氧化碳排放量，对于提高闭环物流网络设计方案的可行性和可靠性具有决定性意义。

2.6.2 配取路径规划问题

在闭环物流网络结构设计中，除节点设计外，边的设计是另外一个重要组成部分。在选址决策中，关于边的设计一般是基于最短运输路径而展开的，因此在不确定环境中可能过于理想化。为提高闭环物流网络结构的合理性，本书还将对闭环物流网络的配取路径规划问题展开深入研究。在配送路径规划中，主要面向正向物流中的产品需求，而在取货路径规划中，则针对客户的退换货需求展开。

一般而言，配取路径规划问题在企业运营管理中属于战术规划层面的决策问题。虽然花费固定投资费用较少，但其日常累计的运输费用往往数额巨大，而且配取业务一般与市场客户直接沟通，其服务质量直接影响着企业的声誉。因此，合理的设计闭环物流的配取路径对于提高客户服务效率、提高客户满意度、降低运输成本有着重要意义。

相对于战略选址决策，配取路径规划问题对于二氧化碳排放的计算更加贴合实际。由于配取路径的优化是基于客户的实际需求而定的，因而其规划方案更有针对性。此外，闭环物流配取路径的规划能否较好地满足客户的随机需求，同样从战术层面影响着整个设计方案的可靠性。综上所述，如何在随机需求下合理设计物流配取路径方案，以最低的成本和更高的效率满足更多的客户需求，同时将二氧化碳排放量控制在最低水平，对于提高闭环物流网络设计方案的可行性和可靠性具有重要意义。

2.6.3 设施库存策略规划问题

在设施选址决策与配取路径问题中，对于单个设施而言，往往假设各设施的服务能力或库存容量是已知或者固定的。然而，由于需求的不确定性，固定的设施库存容量显然难以适应市场的变化。此时，如何根据客户需求的不确定确定最合理的库存容量，对于提升设施选址与配取路径方案的可行性和可靠性具有重要意义。

另外，从网络的角度来说，为降低运营成本，其中不同的设施之间往往具有一定的协作关系。比如，在仓库补货过程中，各个设施如配送中心均采用同样的补货周期，那么其运输成本相对于各个设施采用不同的补货周期要低。然而，由于各个设施所面对的需求的差异，若采用相同的补货周期，虽然运输成本降低，但有可能导致在需求较少的区域库存成本增加，在需求较大的区域缺货成本增加。所以，如何在随机需求下，从网络整体的视角确定合理的库存策略，对于降低闭环物流系统的运作成本，提高客户满意度依然具有重要意义。

如前文所述，对于每个设施而言，不同的库存容量会导致不同的二氧化碳排放。设施容量设置越大，其耗费的能源可能越多，碳排放水平就越高；若设施容量设置过小，虽然其耗能降低，但其客户需求服务能力也有可能下降。因此，如何在设施容量和碳排放之间做出合理权衡直接影响着闭环物流设计方案在随机需求下的可行性和可靠性。

2.6.4 风险偏好度量问题

提高闭环物流设计方案在随机需求下的可靠性是本书研究的一个重要目标。为此，本书提出了考虑风险规避型策略的设计优化方法。但是，由于决策者主观意识的不确定性，能否准确度量其偏好直接影响了最终决策方案的合理与否。

此外，在现有研究中，风险偏好度量方法一般有均值-方差法、绝对偏差法、条件风险值法、机会约束法、随机占优法等，而且每一种度量方法均有相应的优势和劣势。例如，均值-方差法用方差来度量风险，期望则被用来描述预期收益，通过评估方差的大小来判断风险的高低，然后对其赋予权重用以表示决策对方差风险因素的偏好程度。此类方法直观易懂，但其缺点同样非常突出。均值-方差法只能评估双侧风险，这在实际中工作往往显得过于粗糙。此外，均值-方差法容易使模型呈现非凸性质，导致优化模型难以求解。因此，如何选择合理的风险度量方法对于本书研究同样至关重要。

2.6.5 联合优化问题

上述关键问题都是从独立的闭环物流设施选址、配取路径优化、库存策略及风险偏好度量等角度出发阐述的，然而，在上述问题中，单独考虑一个决策问题通常都存在一定的缺陷，进而影响最终决策方案的可行性和可靠性。

在闭环物流设施选址决策中，通常假设设施的服务能力或库存能力是已知或固定的，且在计算运输费用和二氧化碳排放时，均基于最短路径展开；然而，由配取路径优化问题可知，需求的不确定性对于运输路径有着重要影响，因此在不同随机场景下其配取路径不一定相同。由库存策略规划问题可知，在随机需求下，已知或固定的设施服务能力可能无法满足市场的需要，进而降低客户服务满意度。在配取路径规划问题中，常常假设车辆所在设施的服务能力是已知或固定的，虽然该问题可以获得更加具体的配取路径，但是，在随机需求下该假设难以保证所得方案的可行性和可靠性。而在库存策略问题中，同样常常假设在需求服务过程产生的运输费用是基于最短路径而来的，虽然该问题可以根据随机需求确定最合理的库存容量，但是其所得方案同样过于理想化。此外，上述问题大多基于风险中性这一假设展开，因此，所得方案无法保证在不确定环境下的可靠性。

为进一步提高闭环物流网络设计方案的可行性和可靠性，本书更加强调上述各个问题的联合优化。且考虑到问题的复杂性，遵循渐进性设计原则，本书先从随机需求下风险规避型闭环物流设施选址–配取路径联合优化入手，以确定网络的总体结构，克服选址决策关于运输问题过于理想化的缺陷；然后深入研究风险规避型闭环物流设施选址–库存策略联合优化问题，以弥补设施容量已知或固定这一假设造成的影响；最后，综合闭环物流设施选址–库存策略–配取路径及风险偏好度量等问题，提出整体的联合优化模型，以提高闭环物流网络设计方案的可行性和可靠性。

2.7 本章小结

本章内容为本书的总体研究章节，研究内容可以为后续研究奠定基础并提供指导。首先，提出了闭环物流网络设计研究的总体方案；然后，结合现有研究成果总结并分析了闭环物流网络的基本内涵和特征；在此基础上，明确了闭环物流网络设计的基本目标和原则；进而分析风险偏好对提高设计方案可靠性的作用；基于此，深入分析了闭环物流网络设计中的关键问题。

第3章 随机需求下风险规避型闭环物流设施选址-配取路径优化

本章将研究闭环物流网络设计中的战略性决策问题，即闭环物流设施选址-配取路径优化，而且为提高设计方案的可靠性，本书将融合风险度量方法，进而构建随机需求下风险规避型闭环物流设施选址-配取路径优化；基于此，研究相应的求解算法，以实现上述模型的快速准确求解。

3.1 引言

由前文关于闭环物流网络设计总体框架和关键问题分析可知，设施选址与配取路径规划均是闭环物流网络设计中的关键问题。设施选址决策主要内容是决定物流网络中的关键设施的空间布局，因此可使每个设施服务相应的客户所花费的总成本（包含一次性投入的固定建设成本及为满足客户需求的运输成本）最低，而且由于基础设施建设的高昂费用，选址决策一旦确定，其更改难度往往较大，因此合理的选址方案对于降低企业的长期运营成本至关重要。配取路径问题旨在根据客户的需求为物流承运单位规划出成本最小的路径方案。其核心便是降低在现有的选址方案下日常的运输配送成本。所以，设施选址问题一般是一项规划长远的战略性决策，而配取路径规划则是日常的战术层面的规划决策。

需要指出的是，在一般的闭环物流系统中，下游环节被视为上游环节的客户。相关需求又分为正向物流的产品或物料需求，以及逆向物流的废弃品、退换货等回收需求。所以，设施选址问题中需要布局的除传统生产制造设施、存储设施及分销设施外，还包含回收中心、填埋场等逆向物流中的关键设施。配取路径规划问题除规划正向物流中的运输交付任务路途外，还需考虑客户回收业务的需要。此外，在本书涉及的闭环物流设施选址与配取路径优化问题中，除传统的成本最优外，还需将二氧化碳排放水平控制在最低。

如前文所述，客户需求的不确定性是造成选址问题和路径规划问题求解难度较大的关键原因。其难度体现可分为三个方面：第一，如何准确表述需求的不确定性，以提高决策结果的可行性；第二，如何提高决策方案的可靠性，以适应可能出现的不确定情况；第三，如何提高该问题的求解效率，以保证所提方案的易处理性。

由于上述两个问题求解的复杂性和难度较大，当前大部分研究将二者独立开来分别研究。然而，在现实中，供应链中的运输配送的起止点要么是物流网络中的设施节点，要么是市场中的客户，因此配取路径规划问题与设施选址决策密切相关。选址决策通常从战略上决定了配取路径网络的总体结构，而配取路径网络又可根据日常需求的变化适当调整不同的路径规划方案，以进一步适应客观环境的变化，降低运营总成本和碳排放，提高对需求变化的响应能力。由此可见，将设施选址问题与配取路径问题独立开来分别考虑容易忽略二者彼此的关联。因此，本章将二者统一考虑，通过构建设施选址与配取路径的联合规划模型，以提高规划方案的可行性。

为提高闭环物流设施选址–配取路径优化问题所得方案在随机需求下的可靠性，基于相关领域的最新研究成果，本书将考虑在风险规避型条件下的优化模型构建，通过充分考虑决策者在随机需求下的风险偏好，以提高规划方案应对不确定变化的能力。

3.2 问题描述及研究思路分析

3.2.1 问题描述

本章考虑含单个商品多级结构多市场的闭环物流网络设施选址-配取路径优化问题。其中含有工厂 J_M、配送中心 J_D 和回收再处理中心 J_C 等关键设施节点,其中工厂可进行产品的生产或对收回的商品进行再制造。生产或再制造的产品将被运往配送中心从而进入市场 I 进行销售。为满足客户的需求,每一个配送中心需对各自负责的市场进行商品的配送及废弃品和退换货的回收。此时,需根据各市场的需求合理布局相关设施,同时在各个市场明确为客户配送或回收商品的顺序或路径,目标为最小化总成本和二氧化碳的排放量。

为便于研究且不失一般性,本书假设正向物流相关设施与逆向物流相关设施分别存在,即逆向物流不与正向物流共享。在现实中,虽然逆向物流依赖于正向物流而存在,且相关基础设施存在共享以节约成本,但是该假设与此并不矛盾。在上述模型中,如果逆向物流中的相关设施与正向物流某一设施距离为 0,固定建设费用为 0 时,便可认为正向物流与逆向物流设施存在共享。因此,本书假设更具一般性。

3.2.2 研究思路

为获得随机需求下闭环物流设施选址-配取路径优化问题的最优解,且保证其方案具有较高的可靠性,本书采取的研究思路如图3.1所示。

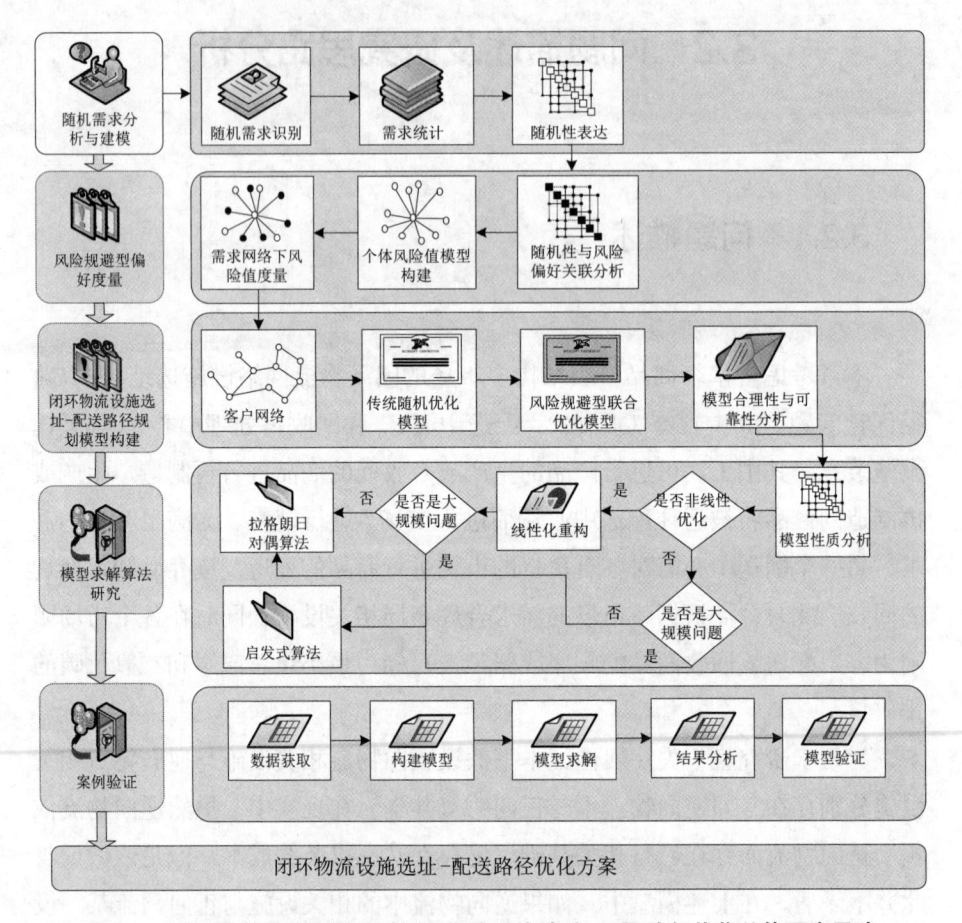

图3.1 随机需求下风险规避型闭环物流设施选址-配取路径优化总体研究思路

第一，随机需求分析与建模。满足客户的需求是闭环物流网络的基本目标。因此，深入分析客户的随机需求并明确其内容是本研究的基础。如前文所述，本章首先考虑随机需求下的相关联合规划问题，每一客户的需求假定符合某一固定概率分布，基于此对于随机需求进行量化表达并展开后续研究。

第二，风险规避型偏好度量。基于前文所述，风险规避型模型相对于传统风险中心模型在不确定环境下具有更高的可靠性。因此，如何定量化表达决策者的风险规避型偏好是本章研究的一个重点。基于其他领域相关研究，在本章中将引入条件风险值（conditional value at risk, CVaR）对其建模，以期在该问题中保证客户满足率不低于特定水平。

第三，随机需求下风险规避型闭环物流设施选址-配取路径优化模型构建。基于前面两阶段研究，本阶段将基于随机优化方法构建相关联合规划问题的模型。该模型充分考虑随机需求、决策者风险偏好、设施固定建设成本、运输配送成本、碳排放等因素，以最小化成本尽可能高地满足客户需求，同时将碳排放控制在较低水平为目标，以明确正逆向物流中各关键设施的空间布局、客户与设施的服务匹配关系及对应的最优配取路径。

第四，模型求解算法研究。闭环物流设施选址-配取路径优化问题本质上属于NP-hard问题，其求解难度随着问题规模的增大急剧增加。为此，为提高模型的求解效率，本章将深入研究相关的求解算法。对上述模型展开分析，明确其基本性质为非线性规划还是线性规划问题；若是线性规划，且为非大规模问题时，本书提出了基于拉格朗日对偶方法的求解算法以获取其全局最优精确解；若是大规模问题，则提出相应的启发式求解算法以提高其求解效率。若该问题为非线性规划问题，那么首先采用线性化重构技术，在不影响其最优解的前提下提出等价的线性规划问题，然后再按照上述线性规划问题的算法进行求解。

第五，案例验证。为验证上述方法的可行性和可靠性，本书以某电商自营商品的闭环物流网络设施选址-路径配送优化问题为例进行数值实验，并对所得结果与传统风险中性模型及非联合优化方法所得结果加以对比分析。

3.3 基于条件风险值的规避型偏好度量

闭环物流网络会受到风险或不确定性因素的影响，例如正向物流需求、逆向回收产品的需求等。风险管理对于闭环物流网络的设计成功与否至关重要，因为它侧重于主动识别和管理不确定性，以最大限度地减少威胁，最大化机会并保障规划方案在不确定环境下的可行性和可靠性。为此本章以条件风险值为主要风险偏好度量方法展开深入研究。

条件风险值是下侧风险法（downside risk measure）中常见的一种风险测度方法，它主要面向的是与损失相关的风险值。也就是说，条件风险值可用于计算实际收益低于预期收益的风险或者差异幅度的不确定性。具体而言，条件风险值可以通过测量较低的半偏差来衡量，因此更适合于描述决策者的真实风险态度。由于该模型的假设也更具普遍意义，它不需依赖于相关随机因素的正态分布即可快速求解相关解，因此该方法在金融投资、电网控制等领域的风险管理中具有良好的应用效果。基于上述基本内涵可以发现，条件风险值可在获取最大化期望效用的同时，还能保证其他指标不低于特定水平的概率不超过给定的程度，即

$$\begin{aligned} & \max(\min) \ E\left[\pi(q,x)\right] \\ & \text{s.t.} \ \ P\{g(q,x) \leqslant \partial\} \leqslant \beta \end{aligned} \quad (3-1)$$

其中，q、x分别为随机需求和相关的决策变量，如投资组合问题中的投资数量等，$E\left[\pi(q,x)\right]$为期望效用（如收益、成本等），$g(q,x)$为其他相关指标如碳排放水平或客户满意度等，∂为利润的最小值，β为临界风险值。∂的值由决策者给定，例如当$\partial=0$时，利润或收益小于或等于0的概率几乎等于0，所以不等式恒成立。因此，风险因子(∂,β)共同体现了供应链成员的风险偏好。

基于此下面给出条件风险值的数学表达式。

设X是具有累积分布函数$F_X(z)=P\{X \leqslant z\}$的随机变量，如客户需求，$X$可与最终的收益或成本有直接关系。本章节以成本为例考虑X的含义，基于此给出以下定义。

定义3.1（风险值，value at risk, VaR） 随机变量X对应的成本函数为$F_X(z)$在置信水平$\alpha \in [0,1)$下的风险值为

$$VaR_\alpha(X) = \min\{z \mid Pr(X \geqslant z) \leqslant 1-\alpha\}, \quad (3-2)$$

其中，$Pr(X \geqslant z)$为随机变量X的累计分布函数。依据定义3.1可知，$VaR_\alpha(X)$是随机变量X的较低的α分位点。VaR通常用于涉及不确定性的众多工程领域，

如军事、核能、材料、航空、金融等，在金融领域使用VaR偏差来衡量投资组合的每日损失分布的偏差程度。

对于满足正态分布的随机变量而言，VaR与标准偏差成正比。如果 $X \sim N(\mu, \sigma^2)$ 和 $F_X(z)$ 是 X 的累积分布函数，那么

$$VaR_\alpha(X) = F_X^{-1}(\alpha) = \mu + k(\alpha)\sigma \qquad (3-3)$$

其中，$k(\alpha) = \sqrt{2}erf^{-1}(2\alpha-1)$，$erf(z) = \left(\dfrac{2}{\sqrt{\pi}}\right)\displaystyle\int_0^z e^{-t^2} dt$。

由上述定义可以发现，VaR可简洁明了并直观地计算不确定因素带来的风险。然而，如图3.2所示，$VaR_\alpha(X)$是非凸且不连续的函数，它对于分布尾部具有较小概率的随机事件无法全部覆盖。而在某些特定背景下，比如闭环物流网络中虽然有些客户需求频率并不高，但其单位价值远高于平均水平，VaR显然无法准确地预估此类需求下的风险值。关于VaR的缺点，Uryasev和Rockafellar给出了更加详细的分析和讨论。为克服VaR的缺陷，以保证风险度量结果在不确定环境下更加准确，Rockafellar和Uryasev提出了条件风险值CVaR。

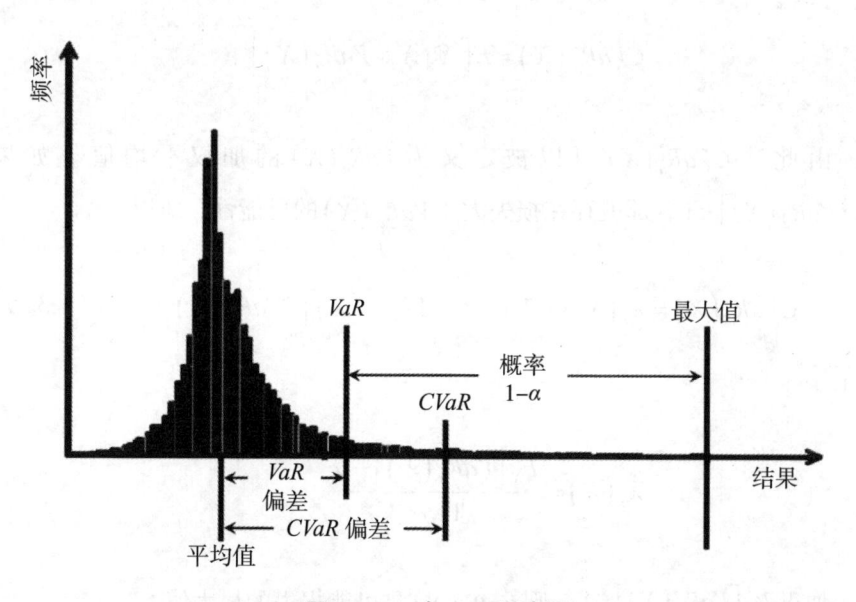

图3.2　VaR与CVaR示意图

定义3.2（条件风险值，Conditional Value at Risk，CVaR） 对于具有连续分布函数的随机变量X而言，$CVaR_\alpha(X)$等于X的条件期望，且受$X \geqslant VaR_\alpha(X)$所限制。随机变量$X$在置信水平$\alpha \in [0,1)$下的$CVaR$是广义$\alpha$尾分布的均值。

$$CVaR_\alpha(X) = \int_{-\infty}^{\infty} z \mathrm{d} F_X^\alpha(z) \qquad (3\text{-}4)$$

其中

$$F_X^\alpha(z) = \begin{cases} 0 & z < VaR_\alpha(X) \\ \dfrac{F_X(z) - \alpha}{1-\alpha} & z \geqslant VaR_\alpha(X) \end{cases}$$

由上述定义可知，在一般情况下，$CVaR_\alpha(X) \geqslant VaR_\alpha(X)$。对于一般分布而言，为计算$CVaR_\alpha(X)$，可能需要将原概率分布加以分解。例如，当通过场景来构建概率分布时，可以通过平均一定数量的场景来获得$CVaR$。具体地，定义$CVaR_\alpha^+(X)$为"upper CVaR"，其表示X在$X > VaR_\alpha(X)$下的条件期望：

$$CVaR_\alpha^+(X) = E[X \mid X > VaR_\alpha(X)],$$

由此，$CVaR_\alpha(X)$可以被定义为$VaR_\alpha(X)$的加权平均值。如果$F_X[VaR_\alpha(X)] < 1$，那就存在损失大于$VaR_\alpha(X)$的可能性，所以，

$$CVaR_\alpha(X) = \lambda_\alpha(X) VaR_\alpha(X) + [1 - \lambda_\alpha(X)] CVaR_\alpha^+(X) \qquad (3\text{-}5)$$

其中

$$\lambda_\alpha(X) = \frac{F_X[VaR_\alpha(X)] - \alpha}{1 - \alpha} \qquad (3\text{-}6)$$

如果$F_X[VaR_\alpha(X)] = 1$，则$VaR_\alpha(X)$是可能损失的最大值。

$$CVaR_\alpha(X) = VaR_\alpha(X) \qquad (3-7)$$

对于函数 $CVaR_\alpha^-(X) = E[X \mid X \geqslant VaR_\alpha(X)]$，即 "lower CVaR" 而言，其基本内涵与连续分布的 $CVaR_\alpha(X)$ 一致。然而，对于一般分布而言，它相对于 α 是不连续且是非凸的。所以，有必要将 $CVaR_\alpha(X)$ 构建为 $VaR_\alpha(X)$ 和 $CVaR_\alpha^+(X)$ 的加权平均值。这样可以避免因 $VaR_\alpha(X)$ 和 $CVaR_\alpha^+(X)$ 都不能很好地衡量一般损失分布的风险（两者都是不连续函数）而造成的损失。

综上所述，对于一般随机变量 X，其条件风险值可表示为

$$CVaR_\alpha(X) = (1-\alpha)^{-1} \int_\alpha^1 \vartheta X(X)(\mathrm{d}X)$$
$$\Leftrightarrow \mathbb{E}\{X \mid X \geqslant VaR_\alpha(X)\}。 \qquad (3-8)$$

根据文献研究，$CVaR_\alpha(X)$ 具有如下性质：
（1）$\alpha \to CVaR_\alpha(X)$ 是一个单调非减的函数。
（2）$\alpha \to CVaR_\alpha(X)$ 在区间 $[0,1)$ 上连续。
（3）$\lim_{\alpha \to 1} CVaR_\alpha(X) = esssup(X)$。

为了提高 $CVaR_\alpha(X)$ 计算方便性，Chun、Shapiro 和 Uryasev 从优化问题角度出发提出了式（3-8）的一种等价表达方式，即

$$CVaR_\alpha(X) = \inf_{\eta \in R} \left\{ \eta + (1-\alpha)^{-1} \mathbb{E}[X-\eta]_+ \right\} \qquad (3-9)$$

式（3-9）是一个分段线性函数，因此可以将其等价转换为线性函数快速求解。

3.4 随机需求下闭环物流设施选址–配取路径优化模型构建

基于前文对于该问题的基本描述，本节将引入条件风险值度量方法，构建面向随机需求下的风险规避型闭环物流设施选址–配取路径优化问题模型。本章节用 I 表示不同地区的客户集合和用 J 表示候选设施位置的集合，分别用 i、j 索引表示其中元素。如果在 j 处选择建造相关设施，将会产生相应的固定建立成本 f_j。市场或客户 i 的需求用 d_i 来表示。每一对节点之间的单位运输成本由 s_{ij} 来表示。如果客户 i 的需求未能得到满足，将会产生相应的惩罚成本 π_i。对于客户 i 的需求 d_i 来说，其中包含两部分，即正向物流需求 d_i^+ 和逆向需求 d_i^-，正向物流需求须经正向物流相关设施转运，而逆向物流需求须由回收商经回收处理中心处理。为保证模型的严谨性，现将相关假设描述如下。

假设：

（1）客户需求为基于历史数据统计的各类商品的总需求。

（2）在随机需求下，相关设施的基本建设费用、单位运输费用保持不变。

（3）不同区域客户之间的需求相互独立。

（4）不考虑每一个市场的竞争与合作条件。

（5）每个设施二氧化碳排放量与其库存容量成正比。

（6）每个客户只需一个上游环节提供服务。

本章所需的主要参数符号说明如表3.1所示，而且本章所用符号及其含义仅在本章中有效，与后续章节无关。

表3.1 主要符号

参数	描述
I	市场或客户集合，用 i 索引

第3章 随机需求下风险规避型闭环物流设施选址–配取路径优化

续表

参数	描述
J_M	候选生产设施集合
J_{RM}	候选再制造设施集合
J_D	候选配送中心设施集合
J_C	候选回收处理中心设施集合
J	候选设施集合,用 j 索引,$J=\{J_M\cup J_{RM}\cup J_D\cup J_C\}$
M	可用配送车辆集合,用 m 索引
$\hat{I}$	随机需求的场景集合
f_j	设施 j 的固定建立成本,$j\in J$
s_{ij}	网络任一节点 i 到设施 j 的单位运输成本,$i\in\{I\cup J\},g\in\{I\cup J\},i\neq j$
l_{ij}	网络任一节点 i 到设施 j 的单位运输距离,$i\in\{I\cup J\},g\in\{I\cup J\},i\neq j$
$d_i(\xi)$	在场景 ξ 下客户 i 的需求,$i\in I$,$\xi\in\Xi$
$d_i^+(\xi)$	在场景 ξ 下客户 i 的正向物流需求,$i\in I$,$\xi\in\Xi$
$d_i^-(\xi)$	在场景 ξ 下客户 i 的逆向物流需求,$i\in I$,$\xi\in\Xi$
θ^ξ	场景 ξ 发生的概率,$\xi\in\Xi$
e_{ij}^ξ	节点 i 到设施 j 运输过程中单位碳排放量,$i\in\{I\cup J\},j\in\{I\cup J\},i\neq j$
ς_j	设施 j 单位容量的二氧化碳排放量
π	客户未满足需求的单位惩罚成本
α	决策者风险偏好置信水平,$\alpha\in[0,1)$
C_m	配送车辆 m 的容量,$m\in M$
Q_j	设施 j 的容量,$j\in J$
	0–1 变量,1 表示在场景 ξ 下在 j 处建设相关设施,0 表示其他情况,$j\in J$
Y_{ij}^ξ	0–1 变量,1 表示在场景 ξ 下客户 i 由设施 j 来服务,0 表示其他情况,$i\in I,j\in J,\xi\in\Xi$
$\mu_{ii'jm}^\xi$	0–1 变量,1 表示在场景 ξ 下设施 j 处的车辆 m 先服务客户 i 再到客户 i',0 表示其他情况,$i,i'\in I,j\in J,m\in M,i\neq i',\xi\in\Xi$

续表

参数	描述
υ_{ijm}^{ξ}	连续变量，表示场景 ξ 下 j 处的车辆 m 给客户 i 配送或回收的商品数量，$i \in I, j \in J, m \in M, \xi \in \Xi$

3.4.1 随机需求下风险中性条件下的设施选址-配取路径基本模型构建

为构建不确定随机需求下风险规避型设施选址-配取路径优化模型，本节首先研究相关基本模型，即传统的风险中性条件的优化模型。由于二者本质上有着共通之处，因此对于基本模型的研究可为风险规避型模型的提出奠定基础。

本小节首先提出了一个基本设施选址模型，即逆向供应链网络中的经典风险中性设施选址模型。本书定义 (X,Y,U) 表示问题的可行解，并定义可行域为 $\Omega \in (X,Y,U)$，其中 $X=(X_j)_{j\in J}$，$Y=(Y_{ij}^{\xi})_{i\in I, j\in J, \xi\in\Xi}$，$U=(\mu_{ii'jm}^{\xi})_{i\in I, i'\in I, j\in J, m\in M, \xi\in\Xi}$ 及 $V=(\upsilon_{ijm}^{\xi})_{i\in I, j\in J, m\in M, \xi\in\Xi}$。对于该经典问题，在假设决策者是风险中立的情况下，优化模型可表示为0-1混合整数随机规划：

（A）
$$\min_{X,Y,U\in\Omega} \sum_{j\in J} f_j X_j + \sum_{\xi\in\Xi}\theta^{\xi}\left\{\sum_{i\in I}\sum_{j\in J}\sum_{m\in M} s_{ij} l_{ij} \mu_{ii'jm}^{\xi} \upsilon_{ijm}^{\xi} + \pi\sum_{i\in I}\left[d_i(\xi) - \sum_{j\in J}\sum_{m\in M}\mu_{ii'jm}^{\xi}\upsilon_{ijm}^{\xi}\right]_+\right\} \quad (3-10)$$

$$\min_{X,Y,U\in\Omega} \sum_{j\in J} \varsigma_j Q_j X_j + \sum_{\xi\in\Xi}\theta^{\xi}\sum_{i\in I}\sum_{i'\in I}\sum_{j\in J}\sum_{m\in M} \mu_{ii'jm}^{\xi} e_{ij}^{\xi} l_{ij} \quad (3-11)$$

s.t.

$$\sum_{j \in J} Y_{ij}^{\xi} = 1, \forall i \in I, \xi \in \Xi \qquad (3\text{-}12)$$

$$\sum_{i \in I} \sum_{m \in M} Y_{ij}^{\xi} \upsilon_{ijm}^{\xi} \leqslant Q_j X_j, \forall j \in J, \xi \in \Xi \qquad (3\text{-}13)$$

$$\sum_{i' \in I} \mu_{ii'jm}^{\xi} = 1, \forall i \in I, j \in J, m \in M, \xi \in \Xi \qquad (3\text{-}14)$$

$$\sum_{i \in I} \mu_{ii'jm}^{\xi} = 1, \forall i' \in I, j \in J, m \in M, \xi \in \Xi \qquad (3\text{-}15)$$

$$\sum_{i \in I} \sum_{i' \in I} \sum_{m \in M} \mu_{ii'jm}^{\xi} \leqslant Y_{ij}^{\xi}, \forall j \in J, \xi \in \Xi \qquad (3\text{-}16)$$

$$\sum_{i \in I} \sum_{i' \in I} \mu_{ii'jm}^{\xi} \upsilon_{ijm}^{\xi} \leqslant C_m, \forall j \in J, m \in M, \xi \in \Xi \qquad (3\text{-}17)$$

$$X_j, Y_{ij}, \mu_{ii'jm}^{\xi} \in \{0,1\}, \upsilon_{ijm}^{\xi} \in [0, C_m], \forall i \in I, j \in J, m \in M, \xi \in \Xi \qquad (3\text{-}18)$$

目标函数（3-10）是使期望总成本最小化，包括固定成本 $\sum_{j \in J} f_j X_j$、期望实际运输成本 $\sum_{\xi \in \Xi} \theta^{\xi} \sum_{j \in J} \sum_{m \in M} s_{ij} l_{ij} \mu_{ii'jm}^{\xi} \upsilon_{ijm}^{\xi}$ 和期望需求未满足所带来的惩罚成本 $\sum_{\xi \in \Xi} \theta^{\xi} \pi \sum_{i \in I} \left[d_i(\xi) - \sum_{j \in J} \sum_{m \in M} \mu_{ii'jm}^{\xi} \upsilon_{ijm}^{\xi} \right]_+$，其中 $\left[d_i(\xi) - \sum_{j \in J} \sum_{m \in M} \mu_{ii'jm}^{\xi} \upsilon_{ijm}^{\xi} \right]_+ = \max \left\{ 0, \left[d_i(\xi) - \sum_{j \in J} \sum_{m \in M} \mu_{ii'jm}^{\xi} \upsilon_{ijm}^{\xi} \right] \right\}$。需要注意的是，运输成本包括两个方面，即日常供应成本和从客户处回收产品后运输到再制造设施的转运成本。由于 $\left[d_i(\xi) - \sum_{j \in J} \sum_{m \in M} \mu_{ii'jm}^{\xi} \upsilon_{ijm}^{\xi} \right]_+$ 的存在，导致上述模型成为非线性规划问题而难以求解，因此，本书通过引入辅助变量 H_i^{ξ} 对两个约束条件进行整合，可以等价地得到线性化的目标函数：

$$\min_{X,Y,U \in \Omega} \sum_{j \in J} f_j X_j + \sum_{\xi \in \Xi} \theta^{\xi} \left\{ \sum_{j \in J} \sum_{m \in M} s_{ij} l_{ij} \mu_{ii'jm}^{\xi} d_i(\xi) + \pi H_i^{\xi} \right\} \qquad (3\text{-}19)$$

$$H_i^{\xi} \geqslant 0, \quad \forall \xi \in \Xi. \qquad (3\text{-}20)$$

$$H_i^{\xi} \geqslant d_i(\xi) - \sum_{j \in J} \sum_{m \in M} \mu_{ii'jm}^{\xi} \upsilon_{ijm}^{\xi}, \forall i \in I, j \in J, m \in M, \xi \in \Xi. \qquad (3\text{-}21)$$

目标函数（3-11）代表最小化随机需求下所有设施自身及在运输过程中的二氧化碳排放总量，反映了绿色闭环物流网络的特性。此外，约束（3-12）表示每个客户在任何随机需求场景下只需一个设施对其提供服务，无论是正向产品供应还是逆向的商品回收。约束（3-13）确保只有开放的设施才能为客户提供服务，并且每个设施所服务的客户需求不得超过每个设施的能力上限。约束（3-14）和约束（3-15）是路径规划约束，要求每一辆配送车辆每次只服务一个需求点，也就是每一个客户仅且仅被服务一次。约束（3-16）表示每一个设施所配备的车辆仅能服务该设施所覆盖范围内的客户。约束（3-17）表示每一辆车配送的需求总量不能超过其能力上限。约束（3-18）定义了决策变量的整数特性。

问题（A）是不确定性需求下的风险中性设施选址-路径规划联合优化双目标模型。由于双目标的存在，问题求解难度一般较大，为此，可引入阈值参数 δ，用以表示在成本目标函数最小时的联合规划方案所产生的二氧化碳排放总量的期望的上限，即有松弛模型：

（B）

$$\min_{X,Y,U \in \Omega} \sum_{j \in J} f_j X_j + \sum_{\xi \in \Xi} \theta^\xi \sum_{i \in I} \left\{ \sum_{j \in J} \sum_{m \in M} s_{ij} l_{ij} \mu^\xi_{ii'jm} v^\xi_{ijm} + \pi H^\xi_i \right\} \quad (3-22)$$

s.t.

$$\sum_{\xi \in \Xi} \theta^\xi \sum_{i \in I} \sum_{i' \in I} \sum_{j \in J} \sum_{m \in M} \mu^\xi_{ii'jm} e^\xi_{ij} l_{ij} \leqslant \delta \quad (3-23)$$

$$(2-12)-(2-18),(2-20)-(2-21) \quad (3-24)$$

由于 $\mu^\xi_{ii'jm} v^\xi_{ijm}$ 非线性项的存在，随机需求下的风险中性闭环物流设施选址-配取路径联合规划模型（B）是一个0-1混合非线性整数规划，因此用CPLEX或Gurobi等求解软件难以快速获得精确解，后续本书将结合风险规避型模型提出相应求解算法。作为基本模型，上述模型无法保证对于发生概率较低但其价值较大的随机需求场景具有较高的可行性，因此，后续研究将以此基本模型为基础，研究在风险规避型偏好下的闭环物流设施选址-配取路径优化模型，以充分考虑上述情形，进而提高求解方案的可靠性。

3.4.2 基于条件风险值的风险规避型闭环物流设施选址-配取路径优化模型

基于前文研究，本小节将深入研究在随机需求下如何提高闭环物流设施选址-配取路径优化模型所得方案的可靠性。风险中性基本模型无法保证所得方案在随机需求环境下可靠性的原因是上述模型是以成本及碳排放的期望作为优化目标，而期望方法侧重描述的是随机需求的总体特征，所以对应方案难以针对个别情形有效。对于发生概率较低但是价值较大的需求，仅仅通过期望方案是难以衡量此情形下优化效果的，也就无法保证所得方案在此情形下仍具有较高的可行性。

为解决上述问题，对于随机需求，根据条件风险值的定义，可通过设置其置信水平来控制决策模型对其分布函数尾部（即发生概率较低的随机情形）的涵盖程度。基于此，对于基本模型中涉及因随机需求产生的不确定成本，即运输成本和惩罚成本，本章节用 $\rho_i(Y,U)$ 描述条件风险值中相应的风险度量，以取代基本模型中的期望值，即

$$\rho_i(Y,U) = \min_{\eta_i \in R} \left\{ \eta_i + (1-\alpha)^{-1} \sum_{\xi \in \hat{I}} \theta^\xi \left[\left(\sum_{j \in J} \sum_{m \in M} s_{ij} l_{ij} \mu_{ii'jm}^\xi \upsilon_{ijm}^\xi + \pi H_i^\xi - \eta_i \right) \right]_+ \right\} \quad (3-25)$$

$\rho_i(Y,U)$ 表示随机需求下每个客户的运输和惩罚成本的条件风险价值。需要注意的是，$\rho_i(Y,U)$ 是一种分散化风险度量方法，因为其目标是控制每个客户潜在的运输或需求无法满足的风险。此外，我们还可以从另一个角度来构造条件风险价值，即风险集中度量方法（risk pooling）。

$$\rho(Y,U) = \min_{\eta \in R} \left\{ \eta + (1-\alpha)^{-1} \sum_{\xi \in \hat{I}} \theta^\xi \left[\sum_{i \in I} \left(\sum_{j \in J} \sum_{m \in M} s_{ij} l_{ij} \mu_{ii'jm}^\xi \upsilon_{ijm}^\xi + \pi H_i^\xi \right) - \eta \right]_+ \right\}$$
$$(3-26)$$

类似地，除考虑成本方面的条件风险值外，可以用类似的两种方式来描

述二氧化碳排放量的条件风险价值。

$$\phi_{ij}(Y,U) = \min_{\kappa_{ij} \in R} \left\{ \kappa_{ij} + (1-\beta)^{-1} \sum_{\xi \in \hat{I}} \theta^{\xi} \left(\sum_{i \in I} \sum_{i' \in I} \mu_{ii'jm}^{\xi} e_{ij}^{\xi} l_{ij} - \kappa_{ij} \right)_{+} \right\} \quad (3-27)$$

$$\phi(Y,U) = \min_{\kappa \in R} \left\{ \kappa + (1-\beta)^{-1} \sum_{\xi \in \hat{I}} \theta^{\xi} \left(\sum_{i \in I} \sum_{i' \in I} \sum_{j \in J} \sum_{m \in M} \mu_{ii'jm}^{\xi} e_{ij}^{\xi} l_{ij} - \kappa \right)_{+} \right\} \quad (3-28)$$

$\phi_{ij}(Y,U)$ 用于表示在随机需求下每对节点之间运输时的二氧化碳排放风险，也可以被称为风险分散。$\phi(Y,U)$ 目的是控制整个网络中的二氧化碳排放风险，即风险集中，其考虑的是所有弧上的二氧化碳排放总量。

接下来，本节将提出绿色闭环物流网络设施选址-配取路径优化问题对应的风险规避模型（R-D）。首先基于风险分散的风险度量建模，然后可通过直接替换相应的约束和参数得到对应的风险集中模型（R-P）。

（R-D）

$$\min_{X,Y,U \in \Omega, \eta_i \in R} \sum_{j \in J} f_j X_j + \sum_{i \in I} \left\{ \eta_i + (1-\alpha)^{-1} \sum_{\xi \in \Xi} \theta^{\xi} \left[\left(\sum_{j \in J} \sum_{m \in M} s_{ij} l_{ij} \mu_{ii'jm}^{\xi} \upsilon_{ijm}^{\xi} + \pi H_i^{\xi} - \eta_i \right)_{+} \right] \right\} \quad (3-29)$$

$$\min_{\kappa_{ij} \in R} \left\{ \kappa_{ij} + (1-\beta)^{-1} \sum_{\xi \in \hat{I}} \theta^{\xi} \left(\sum_{i \in I} \sum_{i' \in I} \mu_{ii'jm}^{\xi} e_{ij}^{\xi} l_{ij} - \kappa_{ij} \right)_{+} \right\} \quad (3-30)$$

$$\text{s.t.} \quad (3-23)-(3-24) \quad (3-31)$$

（R-P）

$$\min_{X,Y,U \in \Omega, \eta \in R} \sum_{j \in J} f_j X_j + \left\{ \eta + (1-\alpha)^{-1} \sum_{\xi \in \Xi} \theta^{\xi} \left(\sum_{i \in I} \left(\sum_{j \in J} \sum_{m \in M} s_{ij} l_{ij} \mu_{ii'jm}^{\xi} \upsilon_{ijm}^{\xi} + \pi H_i^{\xi} \right) - \eta \right)_{+} \right\} \quad (3-32)$$

$$\min_{\kappa \in R} \left\{ \kappa + (1-\beta)^{-1} \sum_{\xi \in \hat{I}} \theta^{\xi} \left(\sum_{i \in I} \sum_{i' \in I} \sum_{j \in J} \sum_{m \in M} \mu_{ii'jm}^{\xi} e_{ij}^{\xi} l_{ij} - \kappa \right)_{+} \right\} \quad (3-33)$$

第3章 随机需求下风险规避型闭环物流设施选址-配取路径优化

$$\text{s.t.} \quad (3\text{-}23) - (3\text{-}24) \qquad (3\text{-}34)$$

其中，$\Omega = (X,Y,U)$ 代表由约束（3-12）-（3-18）和（3-20）-（3-21）所构成的可行域，即

$$\Omega = \{(X,Y,U) | (3\text{-}12) - (3\text{-}18), (3\text{-}20) - (3\text{-}21)\}$$

需要注意的是，问题（R-D）和（R-P）是在随机需求下同时考虑成本与碳排放风险的双目标优化模型，其在计算上具有较大的复杂性。处理多目标函数的方法有多重，其中一种方法是给每个目标设定一个固定的权重，从而得到一个线性随机单目标规划，它能够保证生成帕累托解。然而，如何为每个目标选择一个合适的权重是一个具有挑战性的问题，在目标包含不确定性的情况下更加难以处理。因此，问题（R-D）和（R-P）不太适合运用该方法来求解。

本书通过以双目标中的一个目标松弛为约束，从而构造一个带约束的随机优化问题。也就是说，最小化双目标中的一个目标，例如最小化总成本，并且让另一个目标作为约束，即二氧化碳排放量，以保证每个目标不超过给定额度。基于此，引入给定的水平参数 $\varepsilon > 0$ 和 $\varsigma > 0$，可以构造如下可替代模型。

（E-R-D）

$$\min_{X,Y,U \in \Omega, \kappa_{ij}, \eta_i \in R} \sum_{j \in J} f_j X_j + \sum_{i \in I} \left\{ \eta_i + (1-\alpha)^{-1} \sum_{\xi \in \Xi} \theta^\xi \left[\left(\sum_{j \in J} \sum_{m \in M} s_{ij} l_{ij} \mu_{ii'jm}^\xi \upsilon_{ijm}^\xi + \pi H_i^\xi - \eta_i \right) \right]_+ \right\}$$

$$(3\text{-}35)$$

$$\text{s.t.} \quad \kappa_{ij} + (1-\beta)^{-1} \sum_{\xi \in \hat{I}} \theta^\xi \left(\sum_{i \in I} \sum_{i' \in I} \mu_{ii'jm}^\xi e_{ij}^\xi l_{ij} - \kappa_{ij} \right)_+ \leq \varepsilon_{ij} \qquad (3\text{-}36)$$

$$(3\text{-}23) - (3\text{-}24) \qquad (3\text{-}37)$$

（E-R-P）

$$\min_{X,Y,U \in \Omega, \kappa, \eta \in R} \sum_{j \in J} f_j X_j + \left\{ \eta + (1-\alpha)^{-1} \sum_{\xi \in \hat{I}} \theta^\xi \left[\sum_{i \in I} \left(\sum_{j \in J} \sum_{m \in M} s_{ij} l_{ij} \mu_{ii'jm}^\xi \upsilon_{ijm}^\xi + \pi H_i^\xi \right) - \eta \right]_+ \right\}$$

$$(3\text{-}38)$$

$$\text{s.t.} \quad \kappa + (1-\beta)^{-1} \sum_{\xi \in \Xi} \theta^\xi \left(\sum_{i \in I} \sum_{i' \in I} \sum_{j \in J} \sum_{m \in M} \mu_{ii'jm}^\xi e_{ij}^\xi l_{ij} - \kappa \right)_+ \leq \varsigma \quad (3\text{-}39)$$

$$(3\text{-}23) - (3\text{-}24) \quad (3\text{-}40)$$

上述两个可替代等价模型强调了二氧化碳排放的风险值，无论是在每条运输路段上的碳排放量还是在整个网络中的总排放量都低于给定水平 ε_{ij} 或 ς。在 ε_{ij} 或 ς 取值为问题（R-D）和（R-P）的最优值的情况下，问题（E-R-D）和（E-R-P）拥有与问题（R-D）和（R-P）完全相同的解。

接下来，本节将对所提出的风险规避模型的一些性质进行分析，重点是风险规避模型与经典风险中性模型在目标值和最优解上的关系。

命题3.1 在给定的风险水平下，对于任意 $i \in I$ 有 $\sum_{i \in I} \rho_i(Y,U) \geq \rho(Y,U)$ 和 $\sum_{i \in I} \phi_i(Y,U) \geq \phi(Y,U)$ 成立。

证明：对于任意2个节点 i 和 j，依据条件风险价值的定义可以得到，

$$\rho_i(Y,U) + \rho_{i'}(Y,U) = \eta_i + \eta_{i'} + \frac{1}{1-\alpha} \mathbb{E}\left[(C_i - \eta_i)_+\right] + \frac{1}{1-\alpha} \mathbb{E}\left[(C_{i'} - \eta_{i'})_+\right]$$

其中，$C_i = \sum_{j \in J} \sum_{m \in M} s_{ij} l_{ij} \mu_{ii'jm}^\xi \upsilon_{ijm}^\xi + \pi H_i^\xi$。

由于 $(C_i - \eta_i)_+ + (C_{i'} - \eta_{i'})_+ \geq (C_i - \eta_i + C_{i'} - \eta_{i'})_+$，设 $\eta = \eta_i + \eta_{i'}$，因此，

$$\rho_i(Y,U) + \rho_{i'}(Y,U) = \eta + \frac{1}{1-\alpha} \mathbb{E}\left[(C_i - \eta_i)_+\right] + \frac{1}{1-\alpha} \mathbb{E}\left[(C_{i'} - \eta_{i'})_+\right]$$

$$\geq \eta + \frac{1}{1-\alpha} \mathbb{E}\left[(C_i - \eta_i)_+ + (C_{i'} - \eta_{i'})_+\right]$$

$$\geq \eta + \frac{1}{1-\alpha} \mathbb{E}\left\{\left[(C_i + C_{i'}) - (\eta_i + \eta_{i'})\right]_+\right\}$$

$$\geq \min_\eta \eta + \frac{1}{1-\alpha} \mathbb{E}\left\{\left[(C_i + C_{i'}) - \eta\right]_+\right\}$$

$$= \rho(Y,U)$$

依照托勒密式的归纳方式，可以得到 $\sum_{i \in I} \rho_i(Y,U) \geq \rho(Y,U)$。类似地，可以得到 $\sum_{i \in I} \phi_i(Y,U) \geq \phi(Y,U)$。

命题3.1表明，关注每个单独的市场或客户将导致更多的成本，控制每个环节上的风险将导致更高水平量的二氧化碳排放。接下来，本节将对风险规避模型和经典风险中性模型的关系进行分析。

命题3.2 对于$\alpha,\beta \in [0,1)$、$i \in I$，如果$VaR_\alpha(Y,U)=0$，$VaR_\beta(Y,U)=0$，则问题（R-D）和（R-P）等价于问题（B）。

证明： 如果$VaR_\alpha(Y,U)=0$，$VaR_\beta(Y,U)=0$，依据条件风险价值的定义可以得到如下公式，

$$\rho_i(Y,U) = \sum_{\xi \in \hat{I}} \theta^\xi \left(\sum_{j \in J} \sum_{m \in M} s_{ij} l_{ij} \mu_{ii'jm}^\xi \upsilon_{ijm}^\xi + \pi H_i^\xi \right)$$

因此，

$$\sum_{i \in I} \rho_i(Y,U) = \sum_{i \in I} \sum_{\xi \in \hat{I}} \theta^\xi \left(\sum_{j \in J} \sum_{m \in M} s_{ij} l_{ij} \mu_{ii'jm}^\xi \upsilon_{ijm}^\xi + \pi H_i^\xi \right)$$

同理可得，$\sum_{i \in I} \phi_i(Y,U) = \sum_{\xi \in \hat{I}} \theta^\xi \sum_{i \in I} \sum_{i' \in I} \mu_{ii'jm}^\xi e_{ij}^\xi l_{ij}$。

因此，不确定性的条件风险值等价于期望值，这表明风险规避模型可以转换为风险中性模型。

命题3.2表明在给定条件$VaR_\alpha(Y,U)=0$，$VaR_\beta(Y,U)=0$下，风险规避模型可以等价地转换成经典风险中性模型。对问题进一步分析，可以得到如下结论。

推论3.1 当$\alpha=\beta=0$，对于任意的$i \in I$，问题（R-D）和（R-P）等价于问题（B）。

证明： 如果$\alpha=\beta=0$，有$VaR_\alpha(Y,U)=0$，$VaR_\beta(Y,U)=0$，依据命题3.1可以得知问题（R-D）和（R-P）可以等价地转换成问题（B）。

命题3.3 对于$\alpha,\beta \in [0,1)$、$i \in I$，如果$\alpha \to 1$，$\beta \to 1$，问题（R-D）和（R-P）可以转换为最大风险模型或鲁棒模型。

证明： 如果$\alpha \to 1$，依据条件风险值和风险值的定义，相应的随机需求应取最大值以确保分布等于1。这种情况也被称为鲁棒优化中的最坏情况。同理可得，对于$\beta \to 1$可得到类似结论。

基于上述结论，可以发现风险规避模型的解比传统的风险中立模型更可

靠，但较鲁棒优化而言拥有更小的保守性。

3.5 模型求解算法研究

3.5.1 基于改进多分解结构的重构线性化技术的求解算法

由于上述模型均为NP-hard问题，其求解效率随着问题规模的增大变得极为困难，因此本节将讨论上述风险规避模型的求解算法。需要注意的是，问题（R-D）和问题（R-P）在结构上具有相同的性质，因此我们针对问题（R-D）提出算法。也就是说，该算法同样适用于求解问题（R-P），在求解效率上具有相同的性能。基于等价变换，发现问题（E-R-D）可以产生与问题（R-D）相同的解。因此，本节初始运用问题（E-R-D）的形式来设计算法。

值得注意的是，目标函数（3-35）仍然是非凸的，这是因为由非线性项

$$\left\{\eta_i + (1-\alpha)^{-1}\sum_{\xi\in\Xi}\theta^\xi\left[\left(\sum_{j\in J}\sum_{m\in M}s_{ij}l_{ij}\mu_{ii'jm}^\xi\upsilon_{ijm}^\xi + \pi H_i^\xi - \eta_i\right)\right]_+\right\}, \quad \kappa_{ij} + (1-\beta)^{-1}\sum_{\xi\in\Xi}\theta^\xi$$

$$\left(\sum_{i\in I}\sum_{i'\in I}\mu_{ii'jm}^\xi e_{ij}^\xi l_{ij} - \kappa_{ij}\right)_+$$
和内部双线性项 $\mu_{ii'jm}^\xi \upsilon_{ijm}^\xi$ 的存在导致的，其中 $\mu_{ii'jm}^\xi \upsilon_{ijm}^\xi$ 是整数决策变量和连续决策变量的乘积。这些非线性项的存在使得模型呈现极度非凸特征，因而难以求解。

首先，本书算法通过引入两个虚拟变量 Q_i^ξ 和 W_{ij}^ξ 结合一组相应的约束来进行等价的模型重构：

$$Q_i^\xi \geqslant \sum_{j\in J}\sum_{m\in M}s_{ij}l_{ij}\mu_{ii'jm}^\xi\upsilon_{ijm}^\xi + \pi H_i^\xi - \eta_i$$

$$Q_i^\xi \geq 0$$

$$W_{ij}^\xi \geq \sum_{i\in I}\sum_{i'\in I} \mu_{ii'jm}^\xi e_{ij}^\xi l_{ij} - \kappa_{ij}$$

$$W_{ij}^\xi \geq 0$$

这样便可消去非线性运算$(\cdot)_+$，因而可以得到只含有双线性项$\mu_{ii'jm}^\xi \upsilon_{ijm}^\xi$的优化模型：

$$(\text{L-E-R-D}) \min_{X,Y,U\in\Omega,\kappa_{ij},\eta_i\in R} \sum_{j\in J} f_j X_j + +\sum_{i\in I}\left\{\eta_i + (1-\alpha)^{-1}\sum_{\xi\in\Xi}\theta^\xi Q_i^\xi\right\}$$

$$\text{s.t.} \quad \kappa_{ij} + (1-\beta)^{-1}\sum_{\xi\in\Xi}\theta^\xi W_{ij}^\xi \leq \varepsilon_{ij}$$

$$Q_i^\xi \geq \sum_{j\in J}\sum_{m\in M} s_{ij}l_{ij}\mu_{ii'jm}^\xi \upsilon_{ijm}^\xi + \pi H_i^\xi - \eta_i$$

$$Q_i^\xi \geq 0$$

$$W_{ij}^\xi \geq \sum_{i\in I}\sum_{i'\in I} \mu_{ii'jm}^\xi e_{ij}^\xi l_{ij} - \kappa_{ij}$$

$$W_{ij}^\xi \geq 0$$

（3-23）-（3-24）

为了处理双线性项$\mu_{ii'jm}^\xi \upsilon_{ijm}^\xi$，以往文献已提出了多种方法。为保证操作的方便性，重构线性化技术（Reformulation-linearization technique，RLT）成为最广泛使用的方法之一。但传统RLT最明显的弊端是，由于非凸函数的粗略近似，它可能导致坏的下界，因此本书首先提出一个基于分解的McCormick envelops的改进RLT。该算法基于经典RLT进一步对区域进行分解，可以获得对非凸项的更精细的近似。双线性项$\mu_{ii'jm}^\xi \upsilon_{ijm}^\xi$导致非线性优化问题。根据RLT，我们可以通过引入辅助变量$w_{ij}^\xi = \mu_{ii'jm}^\xi \upsilon_{ijm}^\xi$替换双线性项来获得问题的线性松弛，且结合以下四个约束条件，

$$\begin{cases} w_{ij}^\xi \leq \upsilon_{ijm}^\xi \\ w_{ij}^\xi \leq \mu_{ii'jm}^\xi \\ w_{ij}^\xi \geq 0 \\ w_{ij}^\xi \geq \upsilon_{ijm}^\xi + \mu_{ii'jm}^\xi \end{cases}$$

可以得到松弛的优化模型：

（L-L-E-R-D） $\min\limits_{X,Y,U \in \Omega, \kappa_{ij}, w_{ij} \in R} \sum_{j \in J} f_j X_j + + \sum_{i \in I} \left\{ \eta_i + (1-\alpha)^{-1} \sum_{\xi \in \Xi} \theta^\xi Q_i^\xi \right\}$

$\kappa_{ij} + (1-\beta)^{-1} \sum_{\xi \in \Xi} \theta^\xi W_{ij}^\xi \leq \varepsilon_{ij}$

$Q_i^\xi \geq \sum_{j \in J} \sum_{m \in M} s_{ij} w_{ij}^\xi + \pi H_i^\xi - \eta_i$

$W_{ij}^\xi \geq \sum_{i \in I} \sum_{i' \in I} \mu_{ii'jm}^\xi e_{ij}^\xi l_{ij} - \kappa_{ij}$

$w_{ij}^\xi \leq \upsilon_{ijm}^\xi$
$w_{ij}^\xi \leq \mu_{ii'jm}^\xi$
$w_{ij}^\xi \geq 0$
$w_{ij}^\xi \geq \mu_{ii'jm}^\xi + \mu_{ii'jm}^\xi$

$W_{ij}^\xi \geq 0, \ Q_i^\xi \geq 0$

（3-23）-（3-24）

模型（L-L-E-R-D）是0-1混合整数规划问题，可以使用CPLEX等商业软件求解。经分析可以发现虽然通过替换双线性项 $w_{ij}^\xi = \mu_{ii'jm}^\xi \upsilon_{ijm}^\xi$ 而得到的新问题的解是可行的，但 w_{ij}^ξ、$\mu_{ii'jm}^\xi$ 和 υ_{ijm}^ξ 的值并不严格遵循 $w_{ij}^\xi = \mu_{ii'jm}^\xi \upsilon_{ijm}^\xi$。因此，新的优化问题可以被视为原始问题的松弛和下界，也就是说，有必要找到一种方法来收紧松弛。

本书进一步将构成双线性项的每个变量的当前松弛区域分解为n个不相交的子区域，因此，本书通过引入新的二进制变量来指定和选择最佳变量，经下述分析可以得知，本书提出的分解RLT规划能够在一定数量的分区下获得全局最优解。

本书分别用 υ_{in}^{UB} 和 υ_{in}^{LB} 表示分区 n 中变量 $\upsilon_{ii'jm}^{\xi}$ 的上限和下限。如果 w_{ij}^{ξ} 的值落在分区内，则算法将定义一个新的二进制变量 $\lambda_{\upsilon n}=1$，并且得到 McCormick envelops。Rezaei、Sierra-Altamiranda、Diaz-Elsayed、Charkhgard 和 Zhang 提出的广义分离模型中得到了分段 McCormick 松弛问题，他们证明了由在分离内部四个约束条件中分区相关参数 υ_{in}^{UB} 和 υ_{in}^{LB} 得到的解比仅由 υ_{i}^{UB} 和 υ_{i}^{LB} 限制的解更紧，如图3.3所示。

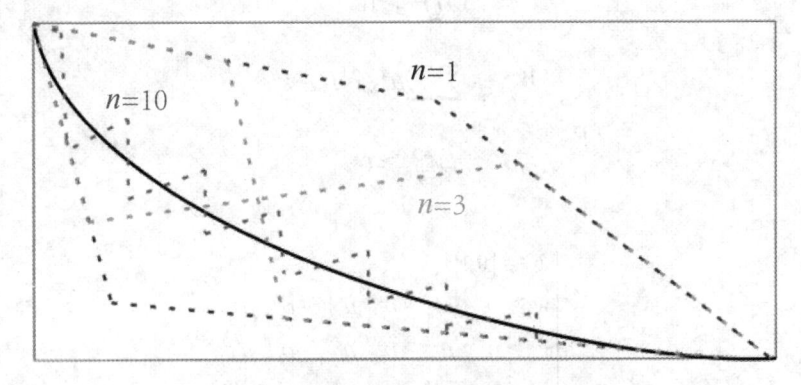

图3.3 分区相关的RLT McCormick 封包

通过上述操作，可以得到分区相关的 RLT McCormick envelops：

$$\bigvee_{n=1}^{N} \begin{cases} \lambda_{\upsilon n} \in \{0,1\} \\ w_{ij}^{\xi} \geq \upsilon_{ii'jm}^{\xi} \cdot \mu_{ijn}^{LB} + \upsilon_{i}^{LB} \mu_{ii'jm}^{\xi} - \upsilon_{i}^{LB} \mu_{ijn}^{LB} \\ w_{ij}^{\xi} \geq \upsilon_{ii'jm}^{\xi} \cdot \mu_{ijn}^{UB} + \upsilon_{i}^{UB} \mu_{ii'jm}^{\xi} - \upsilon_{i}^{UB} \mu_{ijn}^{UB} \\ w_{ij}^{\xi} \leq \upsilon_{ii'jm}^{\xi} \cdot \mu_{ijn}^{UB} + \upsilon_{i}^{LB} \mu_{ii'jm}^{\xi} - \upsilon_{i}^{LB} \mu_{ijn}^{UB} \\ w_{ij}^{\xi} \leq \upsilon_{ii'jm}^{\xi} \cdot \mu_{ijn}^{UB} + \upsilon_{i}^{LB} \mu_{ii'jm}^{\xi} - \upsilon_{i}^{LB} \mu_{ijn}^{UB} \\ \mu_{ijn}^{LB} = \mu_{ij}^{LB} + \dfrac{\left(\mu_{ij}^{UB}-\mu_{ij}^{LB}\right)(n-1)}{N} \\ \mu_{ijn}^{UB} = \mu_{ij}^{LB} + \dfrac{\left(\mu_{ij}^{UB}-\mu_{ij}^{LB}\right)n}{N} \\ \upsilon_{i}^{LB} \leq \upsilon_{ii'jm}^{\xi} \leq \upsilon_{i}^{UB} \\ \mu_{ijn}^{LB} \leq \mu_{ii'jm}^{\xi} \leq y \mu_{ijn}^{UB} \end{cases} \quad (3-41)$$

因此，可得到选址问题的线性优化问题为

$$(\text{L-L-L-E-R-D}) \min_{X,Y,U\in\Omega,\kappa_{ij},\eta_i\in R} \sum_{j\in J} f_j X_j + \sum_{i\in I}\left\{\eta_i + (1-\alpha)^{-1}\sum_{j\in J}\theta_i w_{ij}\right\}$$

$$\kappa_{ij} + (1-\beta)^{-1}\sum_{\xi\in\Xi}\theta^\xi W_{ij}^\xi \leqslant \varepsilon_{ij}$$

$$Q_i^\xi \geqslant \sum_{j\in J}\sum_{m\in M} s_{ij} w_{ij}^\xi + \pi H_i^\xi - \eta_i$$

$$Q_i^\xi \geqslant 0$$

$$W_{ij}^\xi \geqslant \sum_{i\in I}\sum_{i'\in I} \mu_{ii'jm}^\xi e_{ij}^\xi l_{ij} - \kappa_{ij}$$

$$W_{ij}^\xi \geqslant 0$$

$$\bigvee_{n=1}^{N}\begin{cases}\lambda_{vn}\in\{0,1\}\\ w_{ij}^\xi \geqslant \upsilon_{ii'jm}^\xi \cdot \mu_{ijn}^{LB} + \upsilon_i^{LB}\mu_{ii'jm}^\xi - \upsilon_i^{LB}\mu_{ijn}^{LB}\\ w_{ij}^\xi \geqslant \upsilon_{ii'jm}^\xi \cdot \mu_{ijn}^{UB} + \upsilon_i^{UB}\mu_{ii'jm}^\xi - \upsilon_i^{UB}\mu_{ijn}^{UB}\\ w_{ij}^\xi \leqslant \upsilon_{ii'jm}^\xi \cdot \mu_{ijn}^{LB} + \upsilon_i^{UB}\mu_{ii'jm}^\xi - \upsilon_i^{UB}\mu_{ijn}^{LB}\\ w_{ij}^\xi \leqslant \upsilon_{ii'jm}^\xi \cdot \mu_{ijn}^{UB} + \upsilon_i^{LB}\mu_{ii'jm}^\xi - \upsilon_i^{LB}\mu_{ijn}^{UB}\\ \mu_{ijn}^{LB} = \mu_{ij}^{LB} + \dfrac{(\mu_{ij}^{UB}-\mu_{ij}^{LB})(n-1)}{N}\\ \mu_{ijn}^{UB} = \mu_{ij}^{LB} + \dfrac{(\mu_{ij}^{UB}-\mu_{ij}^{LB})n}{N}\\ \upsilon_i^{LB} \leqslant \upsilon_{ii'jm}^\xi \leqslant \upsilon_i^{UB}\\ \mu_{ijn}^{LB} \leqslant \mu_{ii'jm}^\xi \leqslant y\mu_{ijn}^{UB}\end{cases}$$

（3-23）-（3-24）

上述问题则可以很容易地被证明是纯凸优化问题，通过CPLEX等软件可以很好地求解。

3.5.2 面向大规模问题的免疫遗传算法

随机需求下的闭环物流设施选址–配取路径优化问题属于NP-Hard问题，虽然模型（L–L–L–E–R–D）可通过现有一些软件直接求解，如CPLEX、Gurobi等，但是面对大规模决策问题时，这些软件的求解效率往往较低。为此，本节将研究具有较高求解效率的启发式算法，以提高上述模型的求解效率。

为此，本书提出基于免疫遗传算法的启发式求解方法。免疫遗传算法是免疫算法和遗传算法的结合体。免疫遗传算法主要包含七个模块：抗原识别、初始抗体产生、抗体适应度评估、记忆细胞分化、抗体促进和抑制、抗体生产和种群更新。目标函数被看作抗原，而候选解被看作抗体。可行解与最优解间的近似程度是用抗原和抗体间的相关关系来描述的，抗体差异化的计算是保持种群多样化的一种基本手段。另外，系统会自动产生相应的抗体来应对外来抗原的入侵。

（1）初始抗体编码。

在基本遗传算法和免疫遗传算法中，抗体都需要通过编码来表示基因型，编码方法通常包括二进制编码、实数编码等。编码对算法的性能和种群多样性有很大影响。一般来说，二进制编码比实数编码具有更强的搜索能力，但实数编码在变异操作中可以保持更好的种群多样性，并且不需要解码，可以有效地提高算法的精度和运算速度。

因此，在本书优化问题研究中，实数编码方法将被用来对抗体进行编码。设置初始变化区间 $[m(i), n(i)]$，$\varphi(i)$ 表示第 i 个决策变量在区间 $[0,1]$ 中对应的实数，$g(i)$ 表示基因。初始变化区间和实数区间满足线性变化关系，

$$\varphi(i) = m(i) + g(i)[n(i) - m(i)]$$

通过匹配初始区间和实数区间，可以获得一系列基因，并且这些基因按顺序同问题解决方案 $[g(1), g(2), g(3), \ldots, g(p)]$ 的编码相关联。所有变量的取值范围都在实数编码方法的 $[0,1]$ 范围内。

（2）多样性评估。

在本书算法中，个体的适应度越高，该个体被选择的概率越高，这会导致种群中拥有相似适应度的个体数量快速增加，算法将难以快速有效地收敛。因此，为了有效地克服算法过早收敛的弊端，基于近似向量距离的个体选择概率方法将被运用到本书。

抗原、B淋巴细胞和抗体分别表示目标函数、最优解k_i和候选解。第M个抗体由非空免疫系统集K和抗体在集合K上的距离组成，其中抗体的向量距离由公式（3-42）计算：

$$D(k_i) = \sum_{j=1}^{M} \left| g(k_i) - g(k_j) \right| \tag{3-42}$$

抗体密度可以通过公式（3-43）定义：

$$density(k_i) = \frac{1}{D(k_i)} = \frac{1}{\sum_{j=1}^{M} \left| g - g(k_i) \right|} \tag{3-43}$$

因此，基于抗体密度的个体选择概率可以表达为公式（3-44）：

$$P(k_i) = \frac{D(k_i)}{\sum_{i=1}^{M} D(k_i)} = \frac{\sum_{j=1}^{M} \left| g - g(k_j) \right|}{\sum_{i=1}^{M} \sum_{j=1}^{M} \left| g - g(k_j) \right|} \tag{3-44}$$

集合K中相似抗体数量越多，抗体i被选中的可能性越低。反之，集合K中同抗体i基因相似的抗体数越少，抗体i被选中的可能性越高。这种选择概率使具有有效进化基因的低适应性个体能够获得生殖（再生）的机会，然而这种个体选择的概率只同每一个抗体的适应度相关，没有考虑个体抗体之间的编码相似性。因此，欧几里得距离将被引用以应对这一问题。抗体$\phi_1, \phi_2, \phi_3, \ldots, \phi_n$和$\varphi_1, \varphi_2, \varphi_3, \ldots, \varphi_n$间的欧几里得距离可以定义为

$$d = \sqrt{\sum_{1 \leq i \leq n} (\phi_i - \varphi_i)^2} \tag{3-45}$$

欧几里得距离越大，两个抗体之间的相似度越低；$d=0$ 表示两个抗体是相同的。在引入欧几里得距离后，抗体密度的选择概率可以表示为

$$P(k_i) = \lambda \frac{D(k_i)}{\sum_{i=1}^{M} D(k_i)} + (1-\lambda)\frac{1}{M}\mathrm{e}^{-\frac{v_i}{\vartheta}} \qquad (3-46)$$

其中，$v_i = \frac{N}{M}$，λ 和 ϑ 都是固定参数，$0 \leqslant \lambda \leqslant 1$，$0 \leqslant \vartheta \leqslant 1$。$v_i$ 表示抗体密度，M 表示抗体的总数量。N 代表和抗体 i 的欧几里得距离小于阈值集 A 的抗体的数量。

个体被选择的概率不仅依赖于抗体之间的向量距离，还与抗体间的相似度有关。因此，通过这一方式选择出来的抗体群可以克服抗体群快速形成局部环境的弊端，同时也维持了抗体的密度。

（3）免疫操作。

在选择操作过程中，以 P 值作为选择概率进行抗体群体的选择，并且轮盘赌法被用来确保好的个体可以继承到下一代。在本节中，近似向量距离的选择因子，即方程（3-46）被用来选择抗体。

本书通过单个点交叉操作对选定个体执行交叉。一旦获得可行解，一个或多个需求点的交换将产生更多的新的解。首先，群体中的个体是随机配对的，当群体大小是 M 时，则存在 $\frac{M}{2}$ 个个体对。然后，对于每对配对的个体，交叉点被随机选取，例如染色体长度是7，则存在六个可能的交叉点。最后，根据一定的交叉概率，在交叉点处交换两个个体的部分染色体。这样将产生两个新的个体，图3.4中展示出了单点交叉过程。

图3.4 单点交叉过程

（4）变异操作。

变异操作是指在一个或多个位点上以一定的概率改变基因的值。变异本

身是一种局部随机搜索机制，与选择算子相结合的它可以保证免疫遗传算法的有效性。本书算法将随机选择一组个体进行变异操作以产生更好的个体。

$$M_{i,G} = X_{i,G} + H\left(X_{r_1,G} - X_{r_2,G}\right) \quad (3-47)$$

其中，$X_{i,G}$是从优秀个体集里随机选择的个体。$X_{r_1,G}$和$X_{r_2,G}$是从当前种群中随机选择的个体。$M_{i,G}$是变异操作后生成的染色体。H是调整因子，其迭代公式如下：

$$H_{i,G+1} = \begin{cases} H_{l,G} + rand_1 \times H_{u,G} & 如果 rand_2 < \theta \\ H_{i,G} & 其他 \end{cases} \quad (3-48)$$

$rand_k$，$k = \{1,2\}$，服从$[0,1]$均匀分布。θ_1是一个固定参数，表示调整后的控制参数的概率。$H_{u,G}$和$H_{l,G}$都是固定参数，分别代表控制参数H的上下界。$H_{i,G}$和$H_{i,G+1}$表示第i个个体变异过程中的调整因子，如图3.5所示。

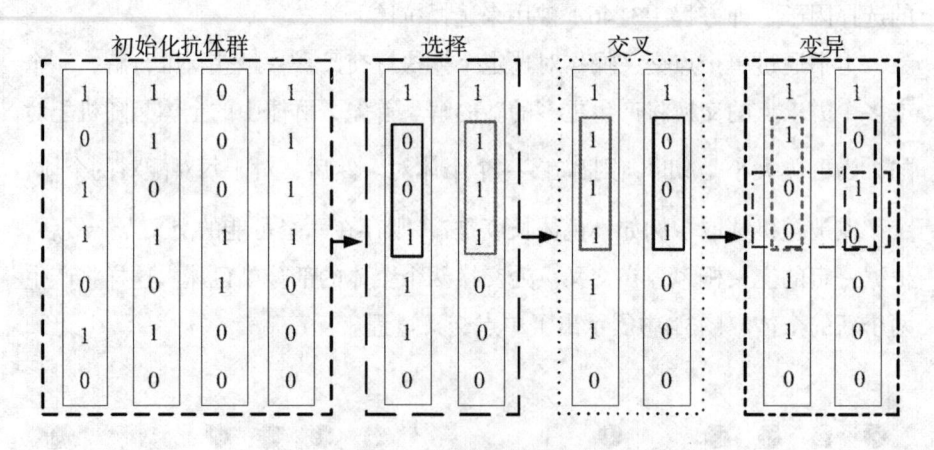

图3.5 变异过程示意图

综上所述，免疫遗传算法总体过程如图3.6所示，步骤归纳如下：

步骤1.初始化抗体群。将待解决的问题抽象为符合免疫系统的抗原形式，抗原识别对应于问题的解。抗体群被定义为问题的候选解，其中首先生成初始抗体群，对应于问题的一个随机解。

步骤2.评估。通过计算抗原与抗体的亲和力来评估问题的解：亲和力越高，解的质量越好。在进化过程中，抗原和抗体按降序排列，将具有高抗原亲和力的抗体添加到记忆细胞中。由于记忆细胞的数量有限，新的抗体将取代记忆细胞中亲和力较低的原始抗体。

步骤3.抗体的推广与抑制。为了维持抗体的多样性，促进高亲和力抗体，抑制高浓度的抗体，本书通过计算抗体存活期望值来判断抗体的促进还是抑制过程。

步骤4.生成新的抗体。通过选择、交叉、变异过程来生成新的抗体。以一定的概率选择两个抗体，然后按照先验交叉概率进行交叉操作，最后执行变异操作。

步骤5.迭代过程。在规定迭代步数中重复步骤4，在最优解不再发生改变后停止计算过程，生成相应的解。

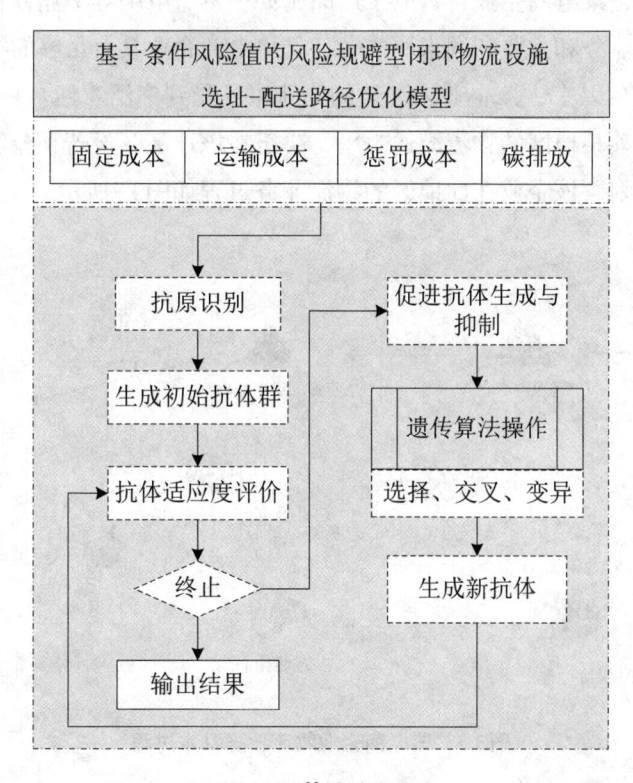

图3.6　算法流程图

3.6 案例分析

3.6.1 案例背景描述

为验证所提方法的有效性，本章将通过案例分析对其加以验证。基于某电商企业针对自营手机的闭环物流设施选址-配取路径优化问题，主要涉及区域仓库、分拨中心、回收中心等设施的空间布局及配送及回收车辆的路径规划等内容。本节所有数值测试均在一个拥有Intel Core i5-4570、内存为8 GB RAM的PC上进行，其中系统为64位Windows 7。

具体地，某电商企业自营电子产品（如手机、电脑等）业务长期以来是其关键核心业务和主要利润来源之一，且该电商企业具有足够的物流配送能力，因而长久以来，该企业因高效的物流服务受到广泛欢迎。在本案例中，该企业为改善某地区的物流配送效率，决定在该地区开设若干仓储及服务设施。根据规划，该企业在此地区的物流业务过程如图3.7所示。

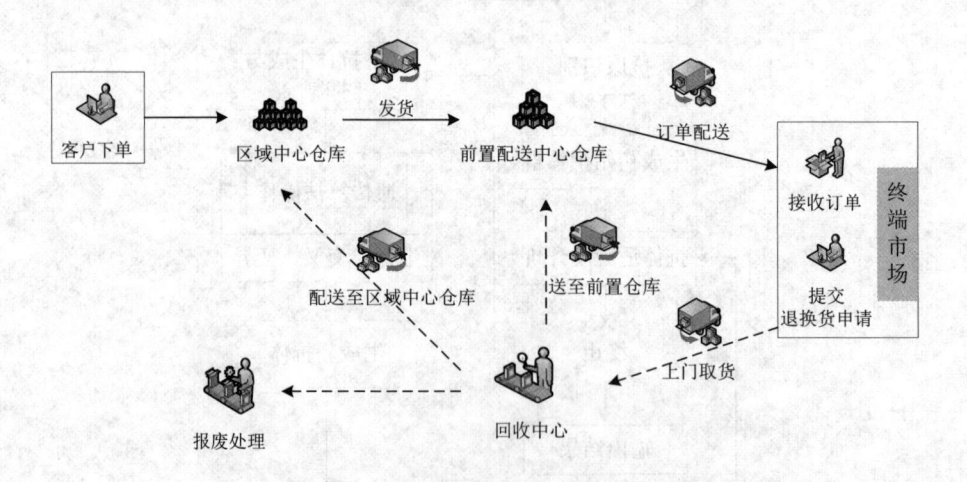

图3.7 该电商企业物流业务基本过程

由图3.7可以看出，相关物流设施中包含一个区域中心仓库、若干前置仓库（或配送中心）及若干回收中心。其中，区域中心仓库定位为该地区的"保姆仓"，具有较高的库存能力，其根据客户需求向前置仓库配送所需产品，再由前置仓库向各个客户需求点配送对应产品。同时，在日常运作过程中，客户同样会因产品质量问题等因素提出退换货或"以旧换新"等需求，此时，需由指定的回收中心相关人员上门收取相关产品，并送至回收中心进行检验分析，以确定是否需要返送区域中心仓库、生产厂家还是再面向市场销售。因此，该物流网络除传统正向物流元素外，还包括逆向物流。也就是说，当客户通过电商平台购买产品后，除进行配送外，还需满足客户提出的退换货对应的取货需求。在本案例中，回收中心即可独立于前置配送中心仓库而建设，也可与其形成前置配送及回收中心联合仓库，但其相关建设费用存在差异。而且，对于区域配送中心而言，其兼具正向配送与回收处理等功能。

该区域的平面图如图3.8所示。为便于计算，本书通过常用的区域划分及聚类方法将地区划分为18个区域，然后每个区域进一步以2 km×2 km的区域被细分为共845个相连的正方形格子区域。其中，填充色越深表示该地区每月平均需求数量越多。根据历史数据统计，该区域内的月平均需求分布如图3.9所示，为满足该地区需求，该企业需决定如何布局上述相关物流设施，并明确末端物流配送或对退换货产品回收时的车辆路径问题。综上可知，该问题便是一个闭环物流网络设计规划问题，其主要涉及具体参数如表3.2所示。其中，针对每一个待建设施，其运输配送车辆性能均一致。

在该工程案例中，决策者需要根据当地需求情况及相关成本、碳排放等要求确定以下问题：

（1）从14个备选点明确一个区域中心仓库，作为该区域商品服务的基地。

（2）从14个备选点确定最佳的前置配送中心仓库、回收中心，以及前置配送及回收联合仓库的数量及其布局方案。

（3）明确区域配送中心对前置配送仓库或联合仓库在对应需求下的选址-配取路径，并进一步明确每个区域对应配送中心对其所服务的客户群体的选址-配取路径。

本案例涉及的相关参数分别如表3.2至表3.6所示。其中，本书的随机需求场景基于历史数据统计而形成，并以3个需求量为单位加以聚类计算其发生频率以增加其显性概率。本书随机需求场景集合共包含520个场景，受篇幅所限，表3.6仅为其中部分，以作实例。比如，对于需求量30、31、32而言，在本书中将视作同一随机事件，发生三次，以此计算其频率，此处理方法许多研究者都曾采用，比如Zhong、Hall和Dessouky。表3.6中所示的为每个客户的正向随机需求，根据历史统计，其关于退换货的逆向需求占正向需求的8.6%。

另外，对于车辆的购置成本等固定费用，未将其与基础设施建设费用相结合，而是体现在单位运输成本中。对于每一个区域和需求点，计算其相关距离时，均以相关区域中心点为标记，并通过地图实际路程测算统计而得。

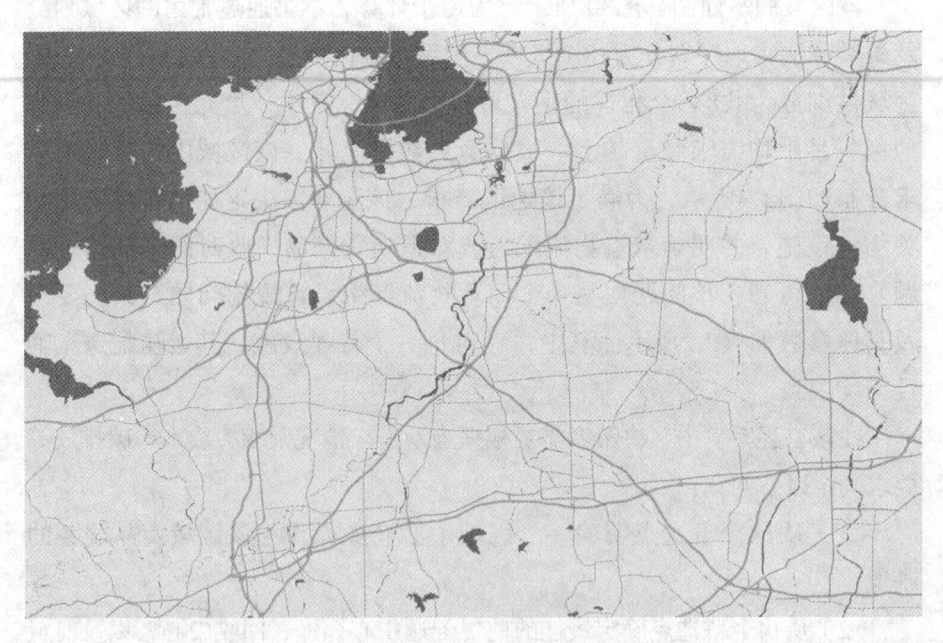

图3.8 某区域平面图

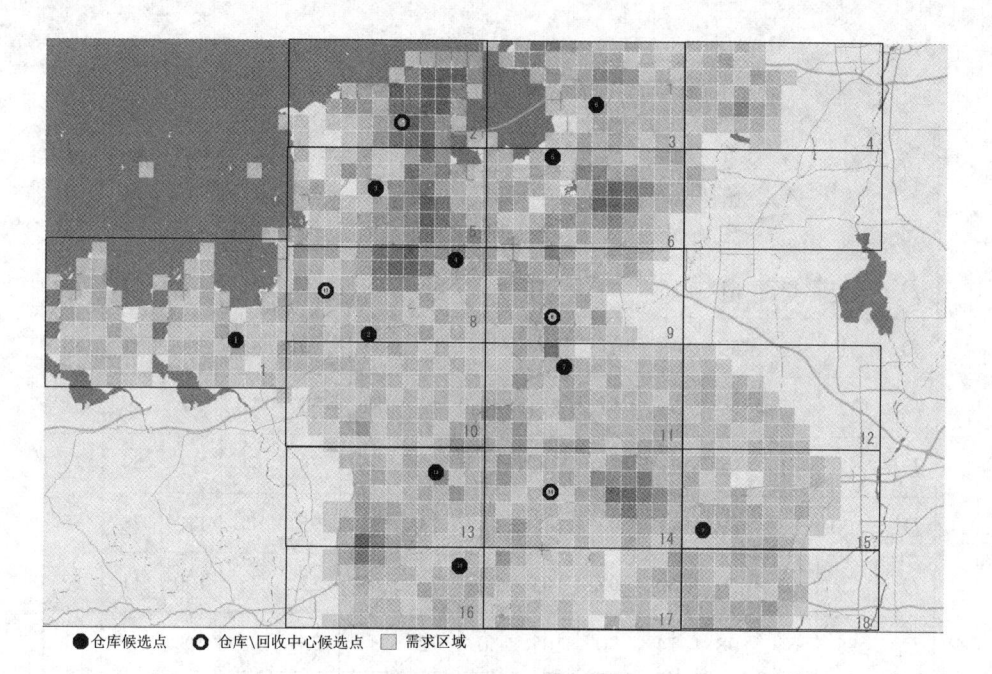

第3章 随机需求下风险规避型闭环物流设施选址-配取路径优化

图3.9 该区域相关设施候选点与需求分布

● 仓库候选点　◎ 仓库\回收中心候选点　▨ 需求区域

表3.2 客户区域中心与设施距离统计

需求区域	距离 / km													
	设施1	设施2	设施3	设施4	设施5	设施6	设施7	设施8	设施9	设施10	设施11	设施12	设施13	设施14
D_1	14	21	25	31	75	91	109	121	142	111	21	75	89	117
D_2	85	60	46	65	35	50	99	109	134	112	78	12	74	86
D_3	101	87	79	76	32	15	75	93	112	132	65	43	98	84
D_4	99	84	78	69	51	30	95	74	86	123	105	78	105	99
D_5	74	42	12	23	45	65	68	50	89	109	43	55	98	87
D_6	86	64	61	55	21	35	46	49	71	86	68	81	79	86
D_7	116	90	81	89	57	71	87	69	75	101	85	90	76	80

续表

需求区域	距离/km													
	设施1	设施2	设施3	设施4	设施5	设施6	设施7	设施8	设施9	设施10	设施11	设施12	设施13	设施14
D_8	45	13	61	15	60	78	53	49	89	85	21	67	54	71
D_9	51	46	59	48	41	75	33	11	78	90	85	98	73	66
D_{10}	32	33	59	51	67	89	40	49	81	58	47	89	29	31
D_{11}	52	61	98	73	77	106	24	42	56	78	61	89	59	33
D_{12}	100	88	89	71	92	99	53	73	35	95	106	112	78	55
D_{13}	75	61	79	60	97	105	52	70	67	32	75	100	11	22
D_{14}	88	64	98	74	90	105	60	72	33	34	88	98	39	11
D_{15}	103	99	89	80	94	107	53	78	9	51	80	109	88	52
D_{16}	83	78	95	80	97	110	88	92	71	9	83	112	39	45
D_{17}	98	90	106	91	100	114	80	98	61	11	88	99	54	47
D_{18}	106	96	105	96	107	119	84	90	24	56	98	118	86	51

表3.3 各区域月均需求数量

需求区域	月均需求量/个
D_1	560
D_2	1 102
D_3	784
D_4	312
D_5	1 014
D_6	956
D_7	89

续表

需求区域	月均需求量/个
D_8	657
D_9	589
D_{10}	457
D_{11}	598
D_{12}	269
D_{13}	345
D_{14}	786
D_{15}	568
D_{16}	523
D_{17}	504
D_{18}	402

表3.4 随机场景实例及其概率（部分）

需求区域	场景1	场景2	场景3	场景4	场景5	场景6	场景7	场景8	场景9
D_1	671	560	575	522	637	586	815	539	710
D_2	1 062	1 089	1 180	1 168	1 128	1 079	1 111	1 022	1 353
D_3	684	698	776	666	727	898	734	787	869
D_4	348	330	317	337	308	345	246	351	297
D_5	895	864	1 182	973	765	1 049	1 118	888	919
D_6	969	1 108	1 095	1 099	1 126	1 086	1 221	963	1 182
D_7	115	98	97	108	87	114	106	100	102
D_8	646	662	719	611	683	699	567	600	824

续表

需求区域	随机场景实例（部分）								
	场景1	场景2	场景3	场景4	场景5	场景6	场景7	场景8	场景9
D_9	601	593	604	553	505	622	584	525	740
D_{10}	445	511	425	392	456	443	357	545	454
D_{11}	595	620	578	639	609	547	580	539	549
D_{12}	294	240	229	345	206	258	316	232	292
D_{13}	387	294	389	353	349	415	401	331	402
D_{14}	887	901	881	837	896	763	830	767	748
D_{15}	575	543	507	679	557	514	643	664	582
D_{16}	599	616	520	593	653	586	602	773	616
D_{17}	496	598	434	536	580	462	500	688	507
D_{18}	449	356	454	523	310	465	493	329	487
概率	0.022	0.018	0.030	0.011	0.027	0.025	0.012	0.019	0.005

表3.5 设施候选点车辆配备数量

设施种类	数量	可配备车辆数 / 辆	
		A型	B型
区域中心仓	1	4	21
前置配送中心仓库	依问题而定	2	15
回收中心	依问题而定	1	10
前置配送及回收中心仓库	依问题而定	3	25

表3.6 其他相关参数

参数	数值
库房候选点数量	14个
回收中心设施数	3个
月均客户数	845个
客户分布区域数量	18个
区域中心仓库固定构建成本	400 000元
前置配送中心固定建设成本	50 000元
回收中心的固定建设成本	10 000元
前置配送中心及回收中心联合设施固定建设成本	55 000元
单位运输成本	30元
每千米二氧化碳排放量	0.18 kg
风险置信水平	0.95

3.6.2 算法有效性分析

在分析模型效果之前，首先给出相关算法的运行结果，以表明基于多分解结构的改进线性重构技术的可行性。如图3.11和图3.12所示，本书提出的改进线性重构技术IRLT求解算法相对比传统线性重构技术和CPLEX求解器求解均具有较好的收敛效果，而且在运用免疫遗传算法IGA求解时，虽然其求解精度较IRLT有所降低，但其收敛速度均快于其他所有算法，因此，在求解大规模问题时，免疫遗传算法具有一定的使用价值。

图3.11 算法运行时间结果对比

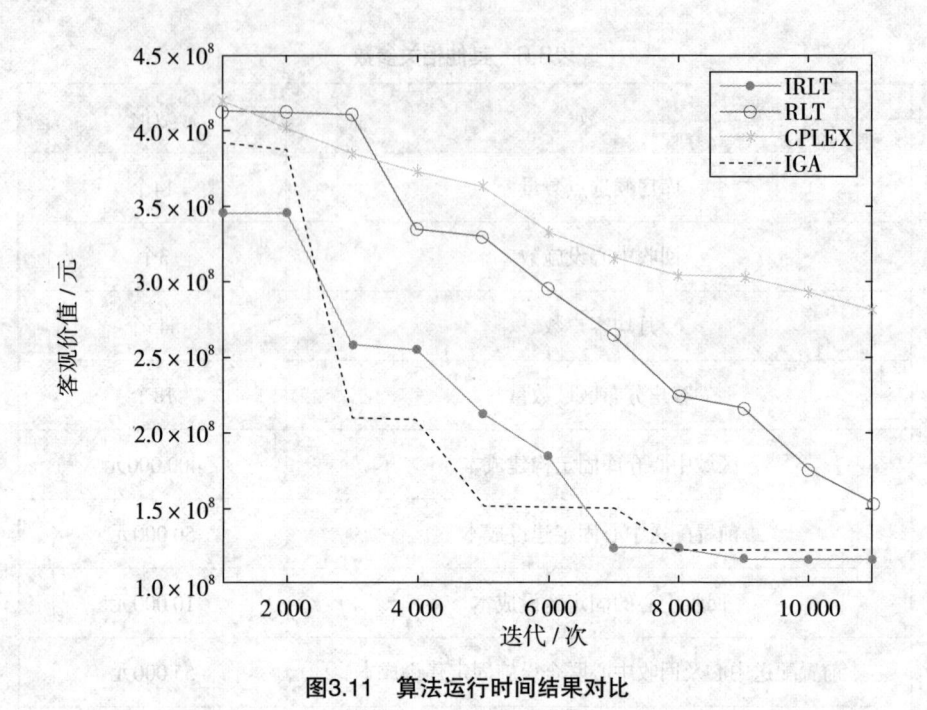

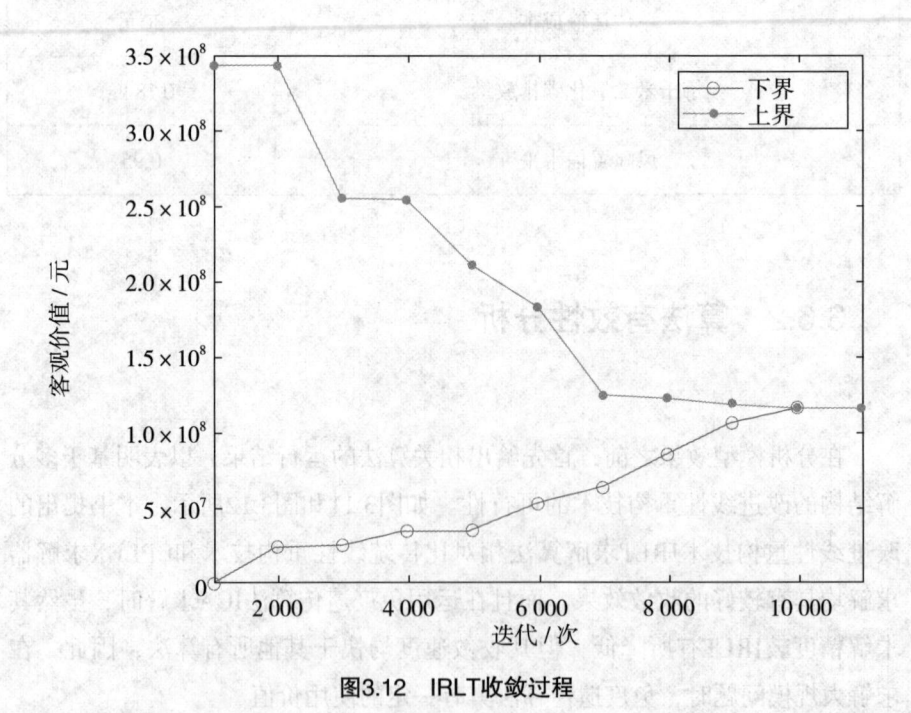

图3.12 IRLT收敛过程

3.6.3 联合优化模型的可行性分析

为提高规划方案的可行性，本书提出了闭环物流设施选址-配取路径规划的联合优化模型，而当前大部分研究均是将两个问题独立研究。为证明本书研究的必要性，本节将对比分析二者决策方案的区别。

首先说明的是，本节将以Yu和Zhang等所提设施选址和路径规划问题的独立模型为基础，并融合条件风险值分别构建风险规避型的设施选址模型和路径规划模型，并给予CPLEX软件对其进行求解。相关数据均从前文所述案例中抽取。

表3.7 联合优化模型与独立模型分别求解后的计算结果

模型	总成本/元	固定建设成本/元	运输成本/元	惩罚成本/元	二氧化碳排放量/t
联合优化模型	116 547 511	50 392 562	55 942 805	10 212 144	693
设施选址模型	80 415 451	40 231 116	28 766 180	10 418 154	568
路径规划模型	46 941 412	0	38 486 598	8 454 814	592

如表3.7所示，在独立选址决策中，由于运输决策一般假设基于最短路径计算，因此未考虑具体的配取路径规划问题；而在配取路径规划问题中，通常假设配送中心已经存在，即不考虑其部署问题。由此使得独立问题下运输成本比通过联合规划得到的结果分别低48.6%和31.2%。碳排放与运输距离有着类似的对比关系。进一步深入分析其成本结果发现，独立的路径规划问题基于随机需求得到的最优配取路径可有效降低客户的惩罚成本，但由于其对于选址决策的忽略限制了该方案的可靠性。

反观联合优化模型，由于综合考虑了选址与配取路径问题，特别是路径决策可以在随机需求场景下对选址决策进行修正，这种综合性的决策方案相对单纯考虑选址决策使得惩罚成本有了明显降低，这有助于客户需求的服务满意度的提升。虽然在此模型下，运输成本有了一定增加，但是，从总成本指标看，联合问题所得结果比独立问题总成本之和降低了11.3%。这说明联合优化模型对于提升方案的可行性有着显著的积极意义。

3.6.4 风险规避型决策的可靠性分析

针对上述问题，本书分别采用基本模型和风险规避型模型，以此分析对比在随机需求下当考虑决策者风险偏好时给决策方案带来的影响。为此，本章将深入分析基于本书风险规避模型和传统风险中性模型所得方案的区别。本书构建了随机需求下的闭环物流设施选址-配取路径优化模型以构建最优逆向供应链网络，并将最小化总成本和控制二氧化碳排放量作为上述模型的基本目标。上述两类模型得到的基本方案关于最优成本、惩罚成本、二氧化碳排放相关结果如图3.13所示，选址决策详细结果如图3.14、图3.15和表3.8所示。关于路径规划方案如图3.16和图3.17所示。

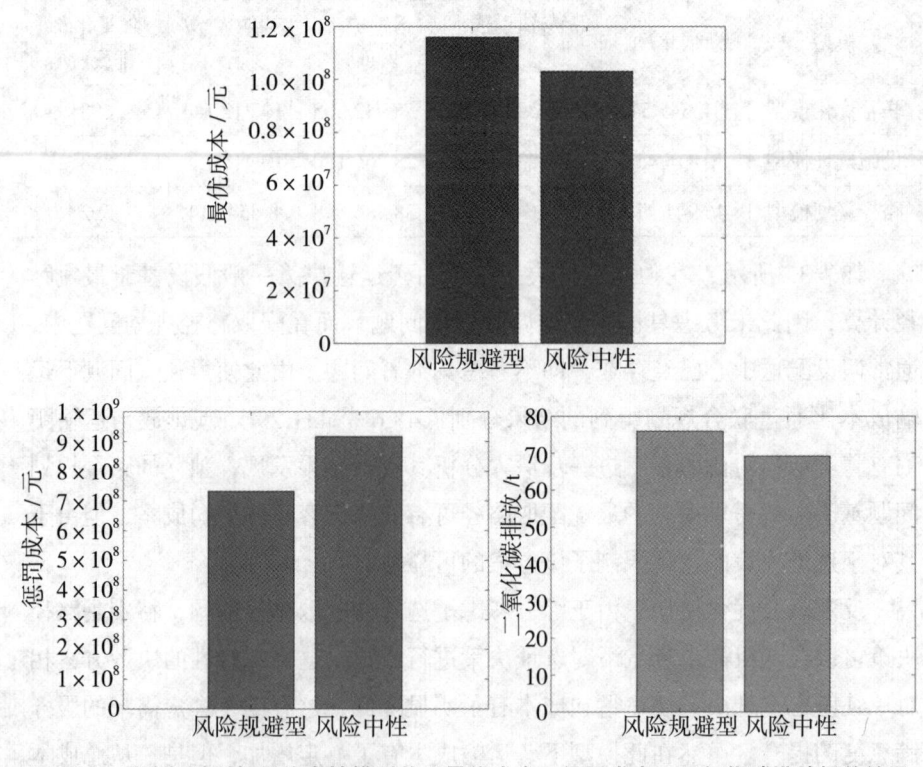

图3.13 风险规避型与风险中性模型关于最优成本、惩罚成本、二氧化碳排放相关结果

第3章 随机需求下风险规避型闭环物流设施选址-配取路径优化

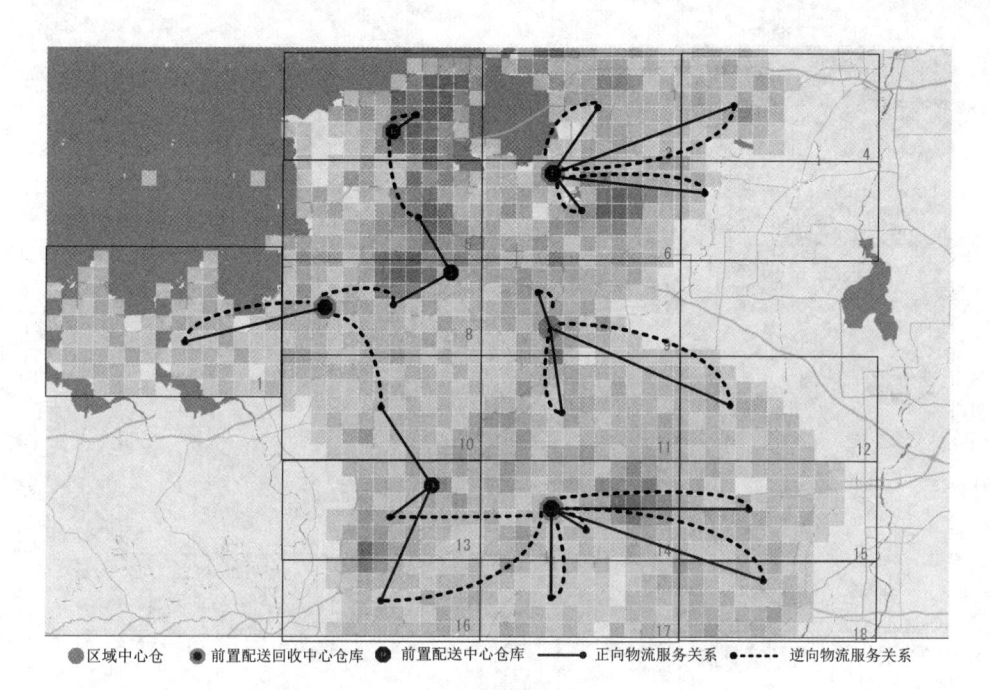

图3.14 风险规避型模型所得布局方案

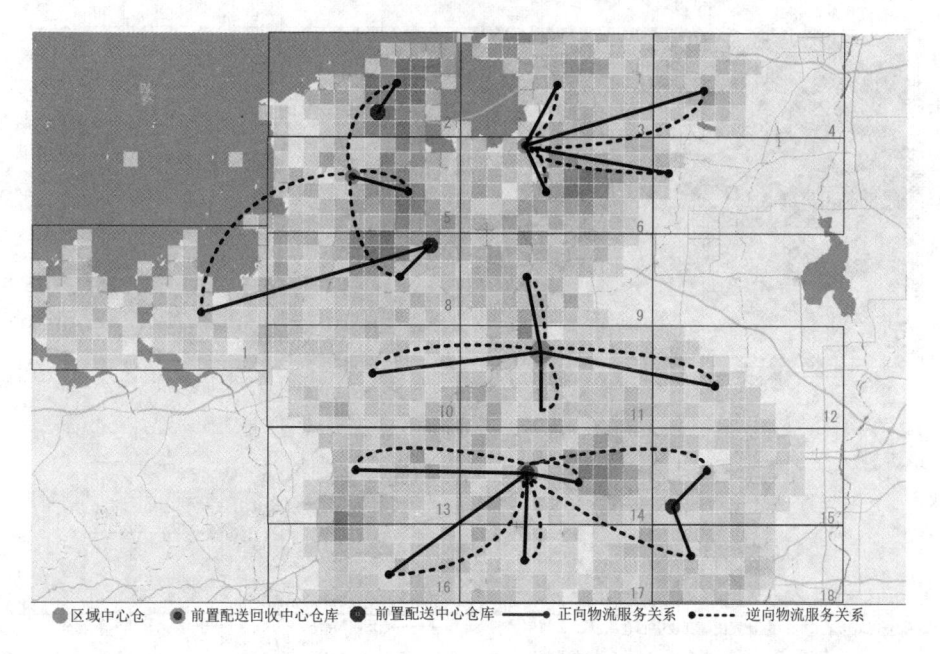

图3.15 风险中性模型所得局部方案

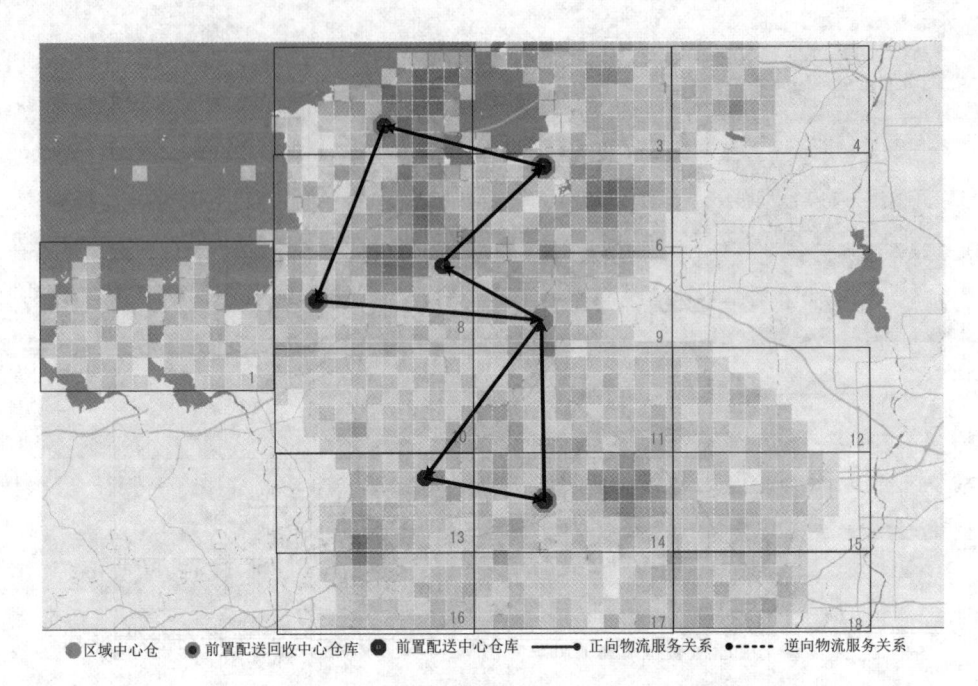

图3.16 风险规避型条件下区域中心仓库的选址-配取路径

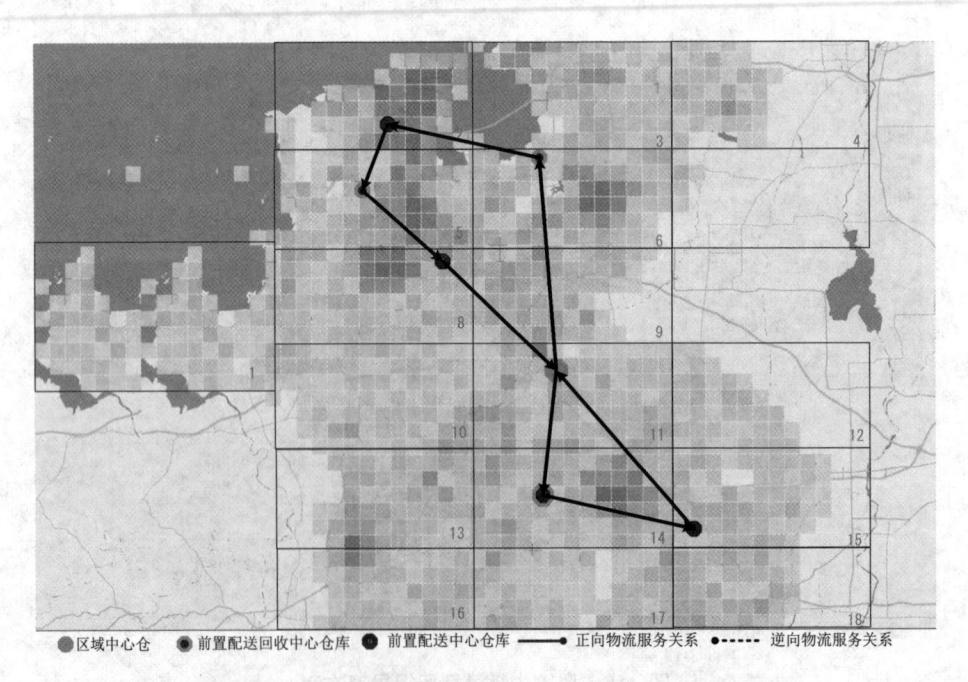

图3.17 风险中性条件下区域中心仓库的选址-配取路径

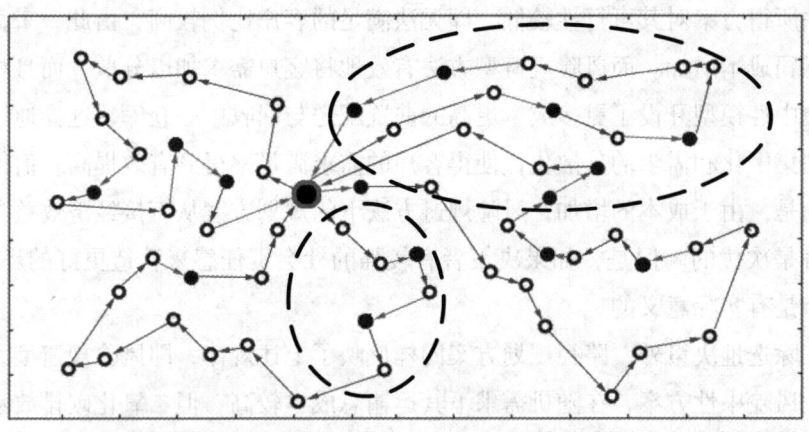

(a) 风险中性条件下前置配送回收中心仓库14对区域14需求点的配送路径规划

(b) 风险规避型条件下前置配送回收中心仓库14对区域14需求点的配送路径规划

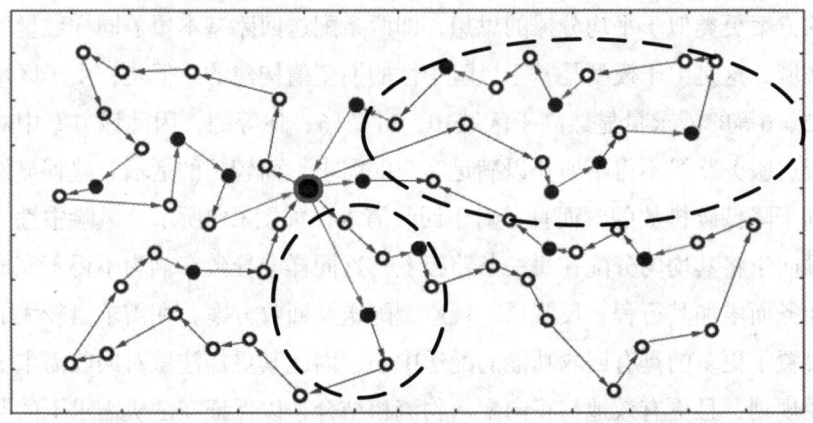

→ 正向配送　→ 逆向回收　● 退换货需求点　○ 产品需求点

图3.18　局部详细路径规划方案实例

由上述结果可以看出，风险规避型模型的总成本大于传统的风险中性模型的成本，但是风险规避型模型的方案所产生的惩罚成本和二氧化碳排放量均低于风险中性模型。这是因为基于条件风险值的风险规避型模型对随机需求进行了有效规避。以选址决策为例，如图3.17所示，风险中性模型基于随机需求的总体期望而展开，因此该模型得到的方案更类似于P-center策略，即相关设施大多分布于需求区域中心，由此可知相关成本最低。但是，由于需求的不确定性，比如发生概率较小但需求量总体偏高的场景9，风险中性方法所得方案对其可行性较低,即无法满足的客户比例较高,由此一来,导致惩罚成本增加。而风险规避型方法有效地将客户需求加以分散,而且相比风险中性模型开设了更多成本更高的前置配送与回收中心仓库,这样通过功能的集中化和需求的分散化,使得客户的需求满足率得到有效提高。值得注意的是,由于成本的增加,风险规避方法下的规划方案从直接经济效益方面而言是次优的。但是,如果决策者有较强的社会责任感来营造更好的环境,这将是有实际意义的。

除选址决策外,路径规划方案同样反映了上述规律,即风险规避型方案相比风险中性方案,在随机需求下其运输总成本较高,但二氧化碳排放水平明显更低。例如,对区域中心仓库的选址-配取路径而言,风险中性模型得到的方案更类似于平均分摊的思想,即两条配送回路基本覆盖同样数量的需求区域,这是由于模型是基于风险中性的期望值构建的。但是,由于区域2、3、5、6等的需求量显然高于区域10、11、16、18等的,因此该方案中对应的配送服务路线不得不增长以满足客户的需求,而较长的运输总路程显然是不利于降低碳排放的。而且,对于回收需求,如图3.18所示,风险中性方法更倾向于将其均匀分配在每一条路径上,这同样会导致车辆为不得不完成相关业务而增加其行程。反观风险规避型配送及回收方案,在需求量较大的区域设置了更多的具有回收功能的配送中心,因此其更加注重对回收需求下的路径规划,且更有效地与正向配送物流相结合,以保证在随机需求下的路径行程及碳排放相对较低。

总之,在降低惩罚成本和二氧化碳排放量方面,本书的风险规避型模型比风险中性模型更具优势。

表3.8　风险中性模型与风险规避型模型选址决策结果

类型	选择结果		正向物流服务区域		逆向物流服务区域	
	风险中性	风险规避型	风险中性	风险规避型	风险中性	风险规避型
区域中心仓库	7	8	{9,10,11,12}	{9,11,12}	{9,10,11,12}	{9,10,11,12}

续表

类型	选择结果		正向物流服务区域		逆向物流服务区域	
	风险中性	风险规避型	风险中性	风险规避型	风险中性	风险规避型
前置配送中心	2,4,9	4,13	2：{2} 4：{1,8} 9：{15,18}	4：{5，8} 13：{10,13,16}	—	—
前置配送回收中心	3,5,14	5,11,12,14	3：{5} 5：{3,4,6} 14：{13,14,16,17}	5：{3,4,6,7} 11：{1} 12：{2} 14：{14,15,17,18}	3：{1,2,58} 5：{3,4,6,7} 14：{13,14,15,16,17,18}	5：{3,4,6,7} 11：{1,8,10} 12：{2,5} 14：{13,14,15,16,17,18}
回收中心	—	—	—	—	—	—

为了进一步分析风险水平对最终解决方案的影响，本书对风险偏好 α 和 β 进行了敏感性分析。通过将 α 和 β 的值从0.5改动到0.99来分析总成本和二氧化碳排放量的变化，具体结果如图3.19所示。无论是 α 或 β 增加，总成本都会相应地增加。在 α 确定的情形下，随机需求下控制二氧化碳排放所采用的风险水平 β 越高，总成本将会越大，这是因为次优解倾向于绿色解决方案，即构建更多的前置配送回收联合中心仓库，从而将产生更多的成本。也就是说，对减少二氧化碳排放的关注越多，总成本就越高。相反，在 β 确定的情形下，对于随机二氧化碳排放风险水平而言，可以得到类似的结论，即总成本减少的风险越大，产生的二氧化碳排放量越高。

基于上述分析可以发现，与风险中性模型相比，风险规避型模型可以产生不同的结果。在不确定情况下，无论是在确保供应还是减少二氧化碳排放方面，风险规避型模型比风险中性模型更可靠。因此，决策者可以从设计可靠的风险规避型绿色闭环物流网络中受益。

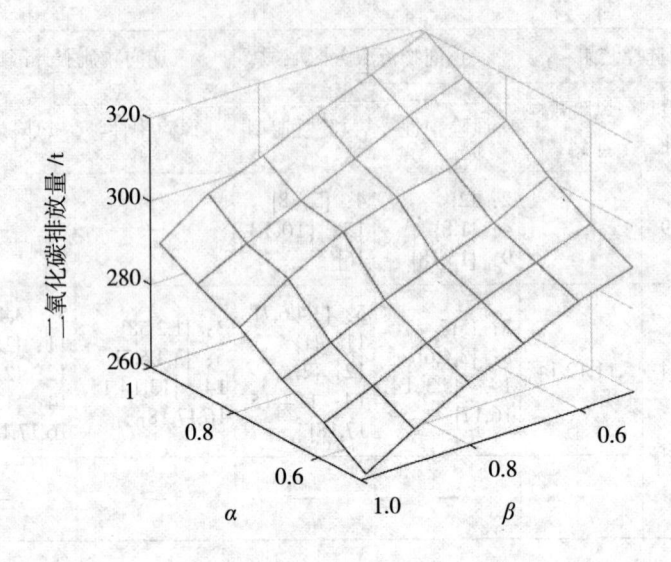

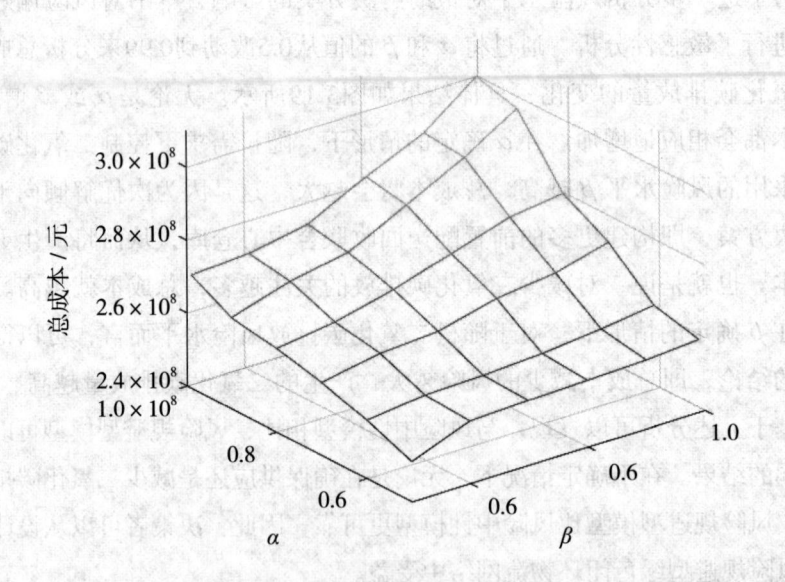

图3.19 风险水平对总成本和二氧化碳排放的敏感性分析

3.7　本章小结

本章考虑了随机需求下闭环物流网络设计中的风险规避型设施选址-配取路径优化问题。基于一致性风险度量指标条件风险值来表示不确定的客户需求和二氧化碳排放的潜在风险。考虑到构建的数学模型是0-1混合整数双目标非线性规划，难以求解；为此，本书设计了一种可替换规模方法，以获得单目标0-1混合整数双线性规划，然后通过基于分解McCormick envelope的改进RLT来有效地生成问题的下界。通过分析表明，本书提出的风险规避型模型可以在降低罚款成本和二氧化碳排放方面产生比风险中性模型更可靠的解决方案。此外，本书所提出的IRLT算法在收敛速度和最优解的差值方面优于CPLEX和经典RLT。

第4章　随机需求下风险规避型闭环物流设施选址–库存策略联合优化

本章将研究随机需求下风险规避型闭环物流网络设施选址–库存策略联合优化，以提高优化方案在不确定条件下的可靠性。为此，本章将基于机会约束方法构建随机需求下风险规避型设施选址–库存策略联合优化模型，并提出在大规模问题下的求解算法，以实现上述模型的快速准确求解。

4.1 引言

在第3章中，本书研究了战略设施选址–配取路径优化问题，以尽可能提高闭环物流网络基本结构的合理性。由前文所述的基本内涵可知，库存策略规划是闭环物流网络设计的关键内容之一，它是保证闭环网络服务能力这一功能性的核心。因此，本章将深入研究另一个关键问题——随机需求下的闭环物流设施选址–库存策略联合优化问题。

在日益激烈的商业环境中，合理的库存策略对于降低物流成本和提高竞争优势至关重要。从传统意义上来说，研究者一般将设施选址这一战略决策和库存控制这一战术决策分开讨论。但在近年来的相关研究表明，这种方法会导致降低决策方案的最优性，尤其是在不确定环境下的可行性。因此，研究相关问题的联合选址库存模型，使用单一优化模型的同时确定选址战略和库存策略，受到越来越多的关注。

需强调的是，需求的不确定性同样是导致选址-库存联合问题难以解决的关键原因之一。这主要是因为不确定的需求造成每个配送中心的订货周期并不一致，所以这大大增加了相关决策及运营的难度。当前，大多数相关研究都假设一个连续盘点的库存策略，当库存低于预先指定的水平时，就下达一个订货订单。为提高决策方案的可行性，尽可能提高闭环物流网络中各仓储的协调性是有效的途径之一，即将所有订货周期尽可能统一为一个或有限少数，在此条件下决策者便可以更好地管理交货日程。定期盘点策略是最为常用的方法之一。需要指出的是，协调机制虽然提高了相关方案的易操作性，但Berman等证明，与最佳的不协调方案相比，完全协调（即所有配送中心的补货周期相同）导致少量成本的增加。

此外，在保证决策方案可行性的同时，如何提高其可靠性依然是决策者需要重点考虑的问题。为此，本书将基于机会约束方法，将在不确定环境下违反相关要求的事件的概率控制在一定水平，以此保证该模型在随机环境下对绝大部分情况均具有较高的可行性。

综上所述，本章将研究在随机需求下的设施选址-库存策略优化问题，以确定正向配送中心和逆向配送中心的位置、客户需求在正向配送中心和逆向配送中心间的分配、每个正向配送中心的目标库存水平（作为容量的一个指标），每个逆向配送中心的容量，以及每个配送中心的盘点周期，使总成本最小化。需要说明的是，本章仅对设施选址和分配以及库存管理决策进行分析，并没有考虑具体的运输路径对该方案的影响，而由第3章研究可以发现，路径问题对于决策结果仍存在一定制约，但由于问题的复杂性，在本章中将重点考虑设施选址-库存策略联合优化问题，而设施选址-库存策略-配取路径联合优化问题将在下一章进一步研究。

4.2 问题描述与研究思路分析

4.2.1 问题描述

本章考虑由工厂或区域中心库房及若干配送中心和客户组成的闭环物流网络，其基本结构如图4.1所示。其中区域中心库房不仅生产或存储新产品，而且还对返回的产品进行再制造或回收。因此，在随机需求下的闭环物流设施选址–库存策略联合优化问题中，包括以下基本决策：

（1）从一组候选设施集合中确定正向和逆向配送中心的位置。
（2）明确设施与客户需求之间的匹配关系。
（3）各配送中心的库存控制策略，如库存盘点周期、库存容量设置等。
（4）决策风险规避型偏好建模。

基于上述决策，其目标是最小化设施选址、运输和库存管理成本，同时要求因运输而产生的二氧化碳排放量维持在较低水平。

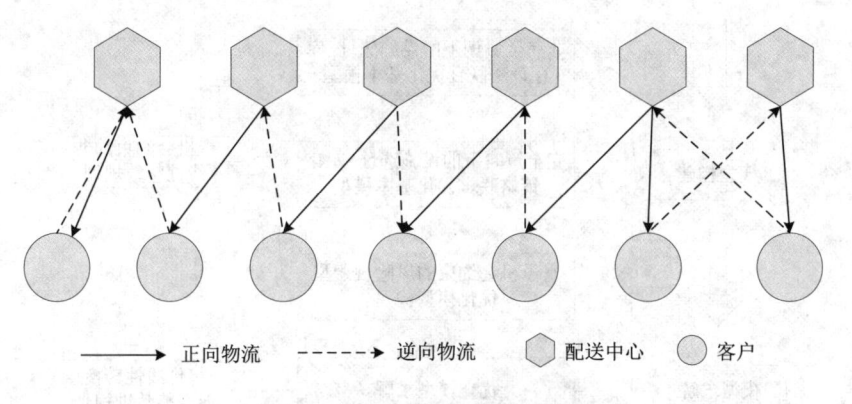

图4.1 闭环物流网络结构示意图

为保证本章研究的严谨性，相关假设如下所述：
（1）每一个客户假设只需一个配送中心提供服务。

（2）运输路线默认基于最短路径获取。

（3）正向物流中的产品需求服从已知均值和协方差矩阵的多变量正态分布。

（4）逆向物流的退换货需求均值及方差可通过历史数据获取。

（5）库存状态表示现有库存加上订货量减去缺货量。

（6）盘点成本不依赖于盘点周期和目标库存水平。

（7）订货提前期仅与对应配送中心相关，且为常数。

（8）对于正向配送中心，由于补货的存在，因此不考虑其容量限制。

（9）对于逆向物流对应的配送中心，考虑其相关容量限制。

4.2.2 研究思路

针对上述问题，本书采取的研究思路如图4.2所示。

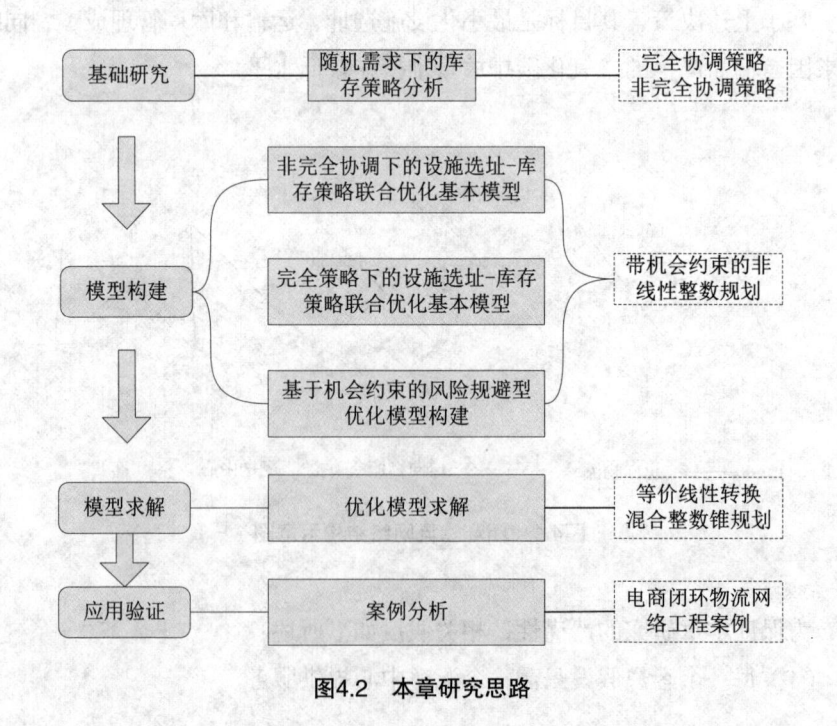

图4.2 本章研究思路

为解决随机需求下闭环物流设施选址-库存策略联合优化问题，本章研究过程可分为四个阶段：

第一，基础研究。如前文所述，不同的库存盘点策略对于决策方案的可行性有着重要影响。因此有必要深入分析常见的库存盘点策略，基于此构建相应的联合优化模型。

第二，模型构建。基于第一阶段研究，本章将库存策略分为两大类，即完全协调和非完全协调。在此基础上，本书将首先研究非完全协调下的设施选址-库存策略联合优化问题，然后再通过模型参数的调整与分析，构建完全协调下的相关模型。同时，为提高所得决策方案在不确定环境下的可靠性，在上述模型的基础上，融合相关机会约束，以保证其结果在不确定条件下仍然具有非常高的可行性。

第三，模型求解。由于上述问题及模型的复杂性，本章所提模型属于带机会约束的非线性整数规划，如何快速准确对其求解是一大挑战。为此，本书基于第二章中的研究成果，首先将非线性元素线性化，然后研究机会约束条件的等价转换方法，最终将该模型转换成易于求解的凸优化问题，进而利用CPLEX等求解软件快速求解。

第四，应用验证。为验证上述方法的可行性和可靠性，本书以某电商自营商品的闭环物流网络设施选址-库存策略联合规划问题为例进行数值实验，并对所得结果与传统风险中性模型及非联合优化方法所得结果加以对比分析。

4.3　随机需求下的闭环物流网络库存策略分析

基于前文所述，闭环物流网络中各设施的盘点策略及其一致性对于方案的最优性具有重要影响。在本书中，假设正向和逆向配送中心的库存通过定期盘点策略进行。在每个正向配送中心，每次盘点期结束时都会进行补货以使库存达到定期盘点的目标库存水平。每个逆向配送中心存储在盘点周期结束时将相关退货产品运回工厂或相应目的地。由于库存协调因素对方案最优性的影响，本书通过考虑闭环物流中不同协调情况，并以此分析相关模型及其方案的可行性，主要包括以下方面：

（1）完全协调——所有正向和逆向配送中心都有相同的盘点周期。

（2）部分协调情况1——所有正向配送中心使用相同的定期盘点周期，而所有逆向配送中心使用另一个定期盘点周期。

（3）部分协调情况2——所有正向配送中心使用相同的定期盘点周期，而所有逆向配送中心具有不同的盘点周期。

（4）部分协调情况3——所有逆向配送中心使用相同的定期盘点周期，而正向配送中心可能具有不同的盘点周期。

（5）部分协调情况4——新产品和退货产品在联合配送中心使用相同的定期盘点周期。

4.4 随机需求下风险规避型闭环物流设施选址-库存策略联合优化模型构建

本章将对前文所述问题，构建相应的联合优化模型。其中，本章优化问题所用的相关符号及含义如表4.1所示，且未做特殊说明时，本章所用符号及其含义仅在本章研究中有效。

表4.1 本章所需相关符号及含义说明

集合符号	含义
I	客户集合
J	候选设施点的集合

第4章 随机需求下风险规避型闭环物流设施选址–库存策略联合优化

续表

集合符号	含义
K	盘点周期集，$K = \{t_1, t_2, \cdots, t_k \cdots\}$
f_j^F	正向配送中心 j 固定建设成本
f_j^R	逆向配送中心 j 固定建设成本
p_j^F	正向配送中心 j 单位变动建设成本
p_j^R	逆向配送中心 j 单位变动建设成本
h_j^F	正向配送中心 j 单位间的库存持有成本
h_j^R	逆向配送中心 j 单位间的库存持有成本
δ_j^F	正向配送中心 j 的缺货成本或惩罚成本
g_j^F	工厂与配送中心 j 之间产品的盘点和装运的固定成本
g_j^R	工厂与配送中心 j 之间退换货的盘点和装运的固定成本
a_j^F	工厂与配送中心 j 之间正向产品的单位运输成本
a_j^R	工厂与配送中心 j 之间逆向退换货的单位运输成本
l_j	正向配送中心 j 向工厂下订单时的订货提前期
α	服务水平，即存储在逆向配送中心的返回产品数量不超过该逆向配送中心容量的概率
μ_i^F	客户 i 对于产品的平均需求
μ_i^R	客户 i 对于退换货的平均需求
σ_i^F	客户 i 产品需求的标准差
σ_i^R	客户 i 退换货需求的标准差
$\rho_{ii'}^F$	客户 i 与 i' 的新产品的相关系数
$\rho_{ii'}^R$	客户 i 与 i' 的退换货产品的相关系数
d_{ij}	客户 i 和配送中心 j 之间的单位运输成本
决策变量符号	含义
X_j^F	如果正向配送中心 j 开放为1；否则为0

续表

决策变量符号	含义
X_j^R	如果逆向配送中心 j 开放为1；否则为0
Y_{ij}^F	如果客户 i 被分配到正向配送中心 j 为1；否则为0
Y_{ij}^R	如果客户 i 被分配到逆向配送中心 j 为1；否则为0
Z_{jk}^F	如果在正向配送中心 j 选择了盘点周期 t_k 为1；否则为0
Z_{jk}^R	如果在逆向配送中心 j 选择了盘点周期 t_k 为1；否则为0
T_j^F	正向配送中心 j 的盘点周期，即 $T_j^F = \Sigma_{k\in K} t_k Z_{jk}^F$
T_j^R	逆向配送中心 j 的盘点周期，即 $T_j^R = \Sigma_{k\in K} t_k Z_{jk}^R$
	在正向配送中心 j 的目标库存水平
C_j^R	逆向配送中心 j 的存储容量

4.4.1 完全非协调下闭环物流设施选址–库存策略联合优化基本模型构建

本节首先研究完全非协调下风险中性的联合优化的基本模型，如下所述：

$$(P) \quad \min \sum_{j\in J} f_j^F X_j^F + \sum_{j\in J}\sum_{i\in I} a_j^F \mu_i^F Y_{ij}^F + \sum_{j\in J} \mathbb{K}_j^F \left(S_j^F, T_j^F \right) + \sum_{j\in J}\sum_{i\in I} d_{ij} \mu_i^F Y_{ij}^F$$

$$+ \sum_{j\in J} f_j^R X_j^R + \sum_{j\in J}\sum_{i\in I} a_j^R \mu_i^R Y_{ij}^R + \sum_{j\in J} \mathbb{K}_j^R \left(C_j^R, T_j^R \right) + \sum_{j\in J}\sum_{i\in I} d_{ij} \mu_i^R Y_{ij}^R$$

$$(4-1)$$

$$\text{s.t.} \quad \sum_{j\in J} Y_{ij}^F = 1, \sum_{j\in J} Y_{ij}^R = 1, \forall i \in I \tag{4-2}$$

$$Y_{ij}^F \leqslant X_j^F, Y_{ij}^R \leqslant X_j^R, \forall i \in I, j \in J \tag{4-3}$$

$$\sum_{k\in K} Z_{jk}^F = X_j^F, \forall j \in J \qquad (4-4)$$

$$\sum_{k\in K} Z_{jk}^R = X_j^R, \forall j \in J \qquad (4-5)$$

$$X_j^R \leqslant \sum_{i\in I} Y_{ij}^F, \forall j \in J \qquad (4-6)$$

$$X_j^F, X_j^R, z_{jk}^F, z_{jk}^R, Y_{ij}^F, Y_{ij}^R \in \{0,1\}, \forall i \in I, j \in J \qquad (4-7)$$

$$S_j^F, C_j^R \geqslant 0, \forall j \in J \qquad (4-8)$$

模型（P）的目标是最小化与正向和逆向物流相关的单位时间的长期平均成本。目标包括建设配送中心的固定成本和变动成本，工厂和配送中心之间正向和逆向物流的运输成本，正向和逆向物流的营运库存成本，正向物流的缺货成本及配送中心和零售商之间的正向和逆向物流的运输成本。约束（4-2）确保一个零售商仅由一个正向配送中心和一个逆向配送中心提供服务。约束（4-3）确保将每个零售商只能分配给开放的配送中心。约束（4-4）和约束（4-5）规定每个开放的配送中心只能选择一个盘点周期。约束（4-6）规定只有在一个候选点开放了正向配送中心并且将零售商分配给该正向配送中心，逆向配送中心才可以在该地点开设。约束（4-7）和约束（4-8）是标准的二进制约束和非负约束。

在模型（P）目标函数中，$\mathbb{K}_j^F(S_j^F, T_j^F)$ 表示正向配送中心 j 的变动建设成本、平均营运库存和单位时间缺货成本，$\mathbb{K}_j^R(C_j^R, T_j^R)$ 表示逆向配送中心 j 的变动建设成本和单位时间平均营运库存成本。在模型（P）中，其中关键的任务便是 $\mathbb{k}_j(S_j^F, T_j^F)$ 和 $\mathbb{K}_j^R(C_j^R, T_j^R)$ 的计算。对于正向物流相关成本 $\mathbb{k}_j(S_j^F, T_j^F)$ 而言，正向配送中心采用定期盘点（T, S）策略来控制产品的库存，因此可得

$$\mathbb{k}_j(S_j^F, T_j^F) = p_j^F S_j^F + \frac{g_j^F}{T_j^F} + h_j^F \left[\frac{\mu_j^{F,DC} T_j^F}{2} + S_j^F - \mu_j^{F,DC}(T_j^F + l_j) \right] + \frac{\pi_j^F}{T_j^F} E[D_j^F(T_j^F + l_j) - S_j^F]^+$$

其中，D_j^F 表示正向配送中心 j 单位时间的需求，并且服从均值为 $\mu_j^{F,DC} = \sum_{i\in I}\mu_i^F Y_{ij}^F$，标准差为 $\sigma_j^{F,DC} = \sqrt{\sum_{i\in I}\sum_{i'\in I}\Phi_{ii'}^F \sigma_i^F \sigma_{i'}^F Y_{ij}^F Y_{i'j}^F}$ 的正态分布。$D_j^F(\tau)$ 是在长度τ的时间间隔内配送中心 j 的需求。第一项是对应正向配送中心容量的变动建设成本，第二项是产品的平均固定订货成本和产品的运输成本，第三项是平均库存持有成本，最后一项是盘点周期内的平均缺货成本。

对于目标库存水平而言，每个正向配送中心最优的目标库存水平可通过求 $\Bbbk_j$ 关于 S_j^F 的偏导数并令其等于0来求得，即令

$$\frac{\partial k_j}{S_j^F} = p_j^F + h_j^F + \frac{\pi_j^F}{T_j^F}\frac{\partial E\left[D_j^F\left(T_j^F + l_j\right) - S_j^F\right]^+}{\partial S_j^F} = 0$$

求解上面的等式得到：

$$S_j^{(F*)} = \mu_j^{F,DC}\left(T_j^F + l_j\right) + z_j\left(T_j^F\right)\sigma_j^{F,DC}\sqrt{T_j^F + l_j}$$

其中，$z_j\left(T_j^F\right) = \Phi^{-1}\left[1 - \frac{\left(p_j^F + h_j^F\right)T_j^F}{\pi_j^F}\right]$，$\Phi$ 表示标准正态累积分布函数。将其代入 $\Bbbk_j^F$ 可得：

$$\Bbbk_j S_j^{F*}, T_j^F = \frac{g_j^F}{T_j^F} + p_j^F + \frac{h_j^F}{2}\mu_j^{F,DC}T_j^F + p_j^F\mu_j^{F,DC}l_j + \frac{\pi_j^F}{T_j^F}\Phi\left[z_j\left(T_j^F\right)\right]\sigma_j^{F,DC}\sqrt{T_j^F + l_j}$$

其中，$\Phi(\cdot)$ 表示标准正态概率密度函数。

$$T_j^F = \sum_{k\in K}t_k Z_{jk}^F, \frac{1}{T_j^F} = \sum_{k\in K}\frac{1}{t_k}Z_{jk}^F, \frac{\pi_j^F}{T_j^F}\Phi\left[z_j\left(T_j^F\right)\right] = \sum_{k\in K}\hat{t}_{jk}Z_{jk}^F, \hat{t}_{jk} = \frac{\pi_j}{T_j}\Phi\left[z_j(t_k)\right]$$

因此，可以得到

$$\Bbbk_j\left(S_j^{F*},T_j^F\right) = \sum_{k\in K}\frac{g_j^F}{t_k}Z_{jk}^F + \sum_{i\in I}\sum_{k\in K}\left(p_j^F + \frac{h_j^F}{2}\right)\mu_i^F t_k Z_{jk}^F Y_{ij}^F + \sum_{i\in I}p_j^F l_j \mu_i^F Y_{ij}^F$$

$$+ \sum_{k\in K}\widehat{t_{jk}}\sqrt{\sum_{i\in I}\sum_{i'\in I}\sum_{k\in K}t_k \Phi_{ii'}^F \sigma_i^F \sigma_{i'}^F Z_{jk}^F Z_{jk}^F Y_{ij}^F Y_{i'j}^F} + \sum_{i\in I}\sum_{i'\in I}l_j \Phi_{ii'}^F \sigma_i^F \sigma_{i'}^F Z_{jk}^F Y_{ij}^F Y_{i'j}^F}$$

$$= \sum_{k\in K}\frac{g_j^F}{t_k}Z_{jk}^F + \sum_{i\in I}\sum_{k\in K}\left(p_j^F + \frac{h_j^F}{2}\right)\mu_i^F t_k Z_{jk}^F Y_{ij}^F + \sum_{i\in I}p_j^F l_j \mu_i^F Y_{ij}^F$$

$$+ \sum_{k\in K}\widehat{t_{jk}}\sqrt{\sum_{i\in I}\sum_{i'\in I}(t_k + l_j)\Phi_{ii'}^F \sigma_i^F \sigma_{i'}^F Z_{jk}^F Y_{ij}^F Y_{i'j}^F}$$

对于逆向物流相关成本 $\Bbbk_j^R\left(C_j^R, T_j^R\right)$，逆向配送中心假设也采用定期盘点的库存策略来控制退换货的库存。然后，在一个盘点周期内，配送中心收集的所有退换货都将在该期期末运送到工厂或其他指定地点。对于任一逆向配送中心 j，$\Bbbk_j^R$ 包括逆向配送中心的平均变动建设成本（假设与逆向配送中心的容量成比例）、将返回产品运送到工厂的平均固定运输成本（$\frac{g_j^R}{T_j^R}$）和一个盘点周期内的平均库存持有成本（$\frac{h_j^R T_j^R \mu_i^R Y_{ij}^R}{2}$）。因此，可得

$$\Bbbk_j^R\left(C_j^R, T_j^R\right) = p_j^R C_j^R + \frac{g_j^R}{T_j^R} + \sum_{i\in I}\frac{h_j^R T_j^R \mu_i^R Y_{ij}^R}{2}$$

其中，$T_j^R = \sum_{k\in K}t_k Z_{jk}^R$。

如果产品的正向需求服从正态分布或泊松分布，退换货需求同样服从某一特定分布（如正态分布），那么该模型（P）又可进一步明确为：

$(P1)\ \min \sum_{j\in J}f_j^F X_j^F + \sum_{j\in J}\sum_{i\in I}\bar{a}_{ij}^F \mu_i^F Y_{ij}^F$

$$+ \sum_{j\in J}\left\{\sum_{k\in K}\bar{g}_{jk}^F Z_{jk}^F + \sum_{i\in I}\sum_{k\in K}\bar{h}_{jk}^F \mu_i^F Z_{jk}^F Y_{ij}^F + \sum_{k\in K}\widehat{t_{jk}}\sqrt{\sum_{i\in I}\sum_{i'\in I}(t_k + l_j)\Phi_{ii'}^F \sigma_i^F \sigma_{i'}^F Z_{jk}^F Y_{ij}^F Y_{i'j}^F}\right\}$$

$$+ \sum_{j\in J}f_j^R X_j^R + \sum_{j\in J}\sum_{i\in I}\bar{a}_{ij}^R \mu_i^R Y_{ij}^R$$

$$+ \sum_{j\in J}\left\{p_j^R C_j^R + \sum_{k\in K}\bar{g}_{jk}^R Z_{jk}^R + \sum_{i\in I}\sum_{k\in K}\bar{h}_{jk}^R \mu_i^R Z_{jk}^R Y_{ij}^R\right\}$$

s.t. $(4-2)-(4-6)$

$$\bar{a}_{ij}^F = a_j^F + d_{ij} + p_j^F l_j, \bar{a}_{ij}^R = a_j^R + d_{ij} \quad (4-9)$$

$$\bar{g}_{jk}^F = \frac{g_j^F}{t_k}, \bar{g}_{jk}^R = \frac{g_j^R}{t_k} \quad (4-10)$$

$$\bar{h}_{jk}^F = \left(p_j^F + \frac{h_j^F}{2}\right)t_k, \bar{h}_{jk}^R = \frac{h_j^R t_k}{2} \quad (4-11)$$

需要说明的是，该模型研究的是在完全非协调机制下的联合优化问题，即网络中的配送中心仓库均依据各自需求设定符合自身条件的盘点周期和库存容量，同时该模型也未考虑二氧化碳排放等绿色物流设计要求，在后续研究中，将依次构建多种非完全协调库存策略以及二氧化碳排放和风险规避型偏好下的相关优化模型。

4.4.2 非完全协调下的闭环物流设施选址-库存策略联合优化模型构建

前面研究了在完全非协调机制下的闭环物流设施选址-库存策略联合优化问题，现在进一步分析在非完全协调等不同情形下的相关模型。在模型（P）中，各个设施对应的库存策略按照自身情况选择，这虽然保证了各个设施库存相关决策方案的最优性，但导致作业难度大大增加，由此导致运输成本大大增加，因此对整个物流网络而言并不一定是最佳选择。因此，本章将深入研究在其他协调机制下的设施选址与库存决策。其中，完全协调机制下的库存策略是指网络内所有仓储设施将遵循一致的盘点周期，使得库存作业具有较高的可操作性。因此，从这一层面而言，完全协调机制下的闭环物流设施选址-库存策略联合优化问题可视为非完全协调机制下的对应优化问题的一个特例。

对于非完全协调机制而言，本章考虑4种相关情形，以下将逐一给出对应的决策优化模型。

（1）非完全协调机制1（P^{FR}），其中所有正向配送中心遵循某统一的定期盘点周期，而所有逆向配送中心遵循另一统一的定期盘点周期。此时，基于模型（P），只需重新定义决策变量 Z_K^F 和 Z_K^R，其含义分别为

$$Z_K^F = \begin{cases} 1 & \text{如果正向配送中心以周期} t_k \text{进行盘点} \\ 0 & \text{其他} \end{cases}$$

$$Z_K^R = \begin{cases} 1 & \text{如果逆向配送中心以周期} t_k \text{进行盘点} \\ 0 & \text{其他} \end{cases}$$

然后，将其分别替换模型（P）中的 Z_{jk}^F 和 Z_{jk}^R，便可得到该情形下的联合优化模型：

$$(\mathrm{P}^{FR}) \min \sum_{j \in J} f_j^F X_j^F + \sum_{j \in J}\sum_{i \in I} \bar{a}_{ij}^F \mu_i^F Y_{ij}^F$$

$$+ \sum_{j \in J}\left\{\sum_{k \in K}\bar{g}_{jk}^F Z_K^F + \sum_{i \in I}\sum_{k \in K}\bar{h}_{jk}^F \mu_i^F Z_K^F Y_{ij}^F + \sum_{k \in K} t_{jk}\sqrt{\sum_{i \in I}\sum_{i' \in I}(t_k+l_j)\Phi_{ii'}^F \sigma_i^F \sigma_{i'}^F Z_K^F Y_{ij}^F Y_{i'j}^F}\right\}$$

$$+ \sum_{j \in J} f_j^R X_j^R + \sum_{j \in J}\sum_{i \in I}\bar{a}_{ij}^R \mu_i^R Y_{ij}^R + \sum_{j \in J}\left\{p_j^R C_j^R + \sum_{k \in K}\bar{g}_{jk}^R Z_K^R + \sum_{i \in I}\sum_{k \in K}\bar{h}_{jk}^R \mu_i^R Z_K^R Y_{ij}^R\right\}$$

$$（4-12）$$

$$\text{s.t.} \quad \sum_{j \in J} Y_{ij}^F = 1, \sum_{j \in J} Y_{ij}^R = 1, \forall i \in I \quad (4-13)$$

$$Y_{ij}^F \leqslant X_j^F, Y_{ij}^R \leqslant X_j^R, \forall i \in I, j \in J \quad (4-14)$$

$$\sum_{k \in K} Z_K^F = X_j^F, \forall j \in J \quad (4-15)$$

$$\sum_{k \in K} Z_K^R = X_j^R, \forall j \in J \quad (4-16)$$

$$X_j^R \leqslant \sum_{i \in I} Y_{ij}^F, \forall j \in J \quad (4-17)$$

$$X_j^F, X_j^R, Z_K^F, Z_K^R, Y_{ij}^F, Y_{ij}^R \in \{0,1\}, \forall i \in I, j \in J \quad (4-18)$$

$$S_j^F, C_j^R \geqslant 0, \forall j \in J \qquad (4\text{-}19)$$

（2）非完全协调机制2（P^F），其中所有正向配送中心遵循某统一的定期盘点周期，而所有逆向配送中心遵循不同的定期盘点周期。此时，基于模型（P），只需重新定义决策变量 Z_K^F，其含义为

$$Z_K^F = \begin{cases} 1 & \text{如果正向配送中心以周期} t_k \text{进行盘点} \\ 0 & \text{其他} \end{cases}$$

然后，将其分别替换模型（P）中的 Z_{jk}^F，便可得到该情形下的联合优化模型：

$$(P^{FR}) \min \sum_{j \in J} f_j^F X_j^F + \sum_{j \in J} \sum_{i \in I} \bar{a}_{ij}^F \mu_i^F Y_{ij}^F$$
$$+ \sum_{j \in J} \left\{ \sum_{k \in K} \bar{g}_{jk}^F Z_K^F + \sum_{i \in I} \sum_{k \in K} \bar{h}_{ik}^F \mu_i^F Z_K^F Y_{ij}^F + \sum_{k \in K} t_{jk} \sqrt{\sum_{i \in I} \sum_{i' \in I} (t_k + l_j) \Phi_{ii'}^F \sigma_i^F \sigma_{i'}^F Z_K^F Y_{ij}^F Y_{i'j}^F} \right\}$$
$$+ \sum_{j \in J} f_j^R X_j^R + \sum_{j \in J} \sum_{i \in I} \bar{a}_{ij}^R \mu_i^R Y_{ij}^R + \sum_{j \in J} \left\{ p_j^R C_j^R + \sum_{k \in K} \bar{g}_{jk}^R Z_{jk}^R + \sum_{i \in I} \sum_{k \in K} \bar{h}_{jk}^R \mu_i^R Z_{jk}^R Y_{ij}^R \right\}$$
$$(4\text{-}20)$$

$$\text{s.t.} \quad \sum_{j \in J} Y_{ij}^F = 1, \sum_{j \in J} Y_{ij}^R = 1, \forall i \in I \qquad (4\text{-}21)$$

$$Y_{ij}^F \leqslant X_j^F, Y_{ij}^R \leqslant X_j^R, \forall i \in I, j \in J \qquad (4\text{-}22)$$

$$\sum_{k \in K} Z_K^F = X_j^F, \forall j \in J \qquad (4\text{-}23)$$

$$\sum_{k \in K} Z_{jk}^R = X_j^R, \forall j \in J \qquad (4\text{-}24)$$

$$X_j^R \leqslant \sum_{i \in I} Y_{ij}^F, \forall j \in J \qquad (4\text{-}25)$$

$$X_j^F, X_j^R, Z_K^F, Z_{jk}^R, Y_{ij}^F, Y_{ij}^R \in \{0,1\}, \forall i \in I, j \in J \qquad (4\text{-}26)$$

$$S_j^F, C_j^R \geqslant 0, \forall j \in J \qquad (4\text{-}27)$$

（3）非完全协调机制3（P^R），其中所有正向配送中心遵循不同的定期盘点周期间隔，而所有逆向配送中心遵循某统一的定期盘点周期间隔。此时，基于模型（P），只需重新定义决策变量 Z_K^R，其含义为

$$Z_K^R = \begin{cases} 1 & \text{如果逆向配送中心以周期} t_k \text{进行盘点} \\ 0 & \text{其他} \end{cases}$$

然后，将其分别替换模型（P）中的 Z_{jk}^R，便可得到该情形下的联合优化模型：

$$(\text{P}^{FR}) \min \sum_{j \in J} f_j^F X_j^F + \sum_{j \in J} \sum_{i \in I} \bar{a}_{ij}^F \mu_i^F Y_{ij}^F$$

$$+ \sum_{j \in J} \left\{ \sum_{k \in K} \bar{g}_{jk}^F Z_{jk}^F + \sum_{i \in I} \sum_{k \in K} \bar{h}_{jk}^F \mu_i^F Z_{jk}^F Y_{ij}^F + \sum_{k \in K} t_{jk} \sqrt{\sum_{i \in I} \sum_{i' \in I} (t_k + l_j) \Phi_{ii'}^F \sigma_i^F \sigma_{i'}^F Z_K^F Y_{ij}^F Y_{i'j}^F} \right\}$$

$$+ \sum_{j \in J} f_j^R X_j^R + \sum_{j \in J} \sum_{i \in I} \bar{a}_{ij}^R \mu_i^R Y_{ij}^R + \sum_{j \in J} \left\{ p_j^R C_j^R + \sum_{k \in K} \bar{g}_{jk}^R Z_K^R + \sum_{i \in I} \sum_{k \in K} \bar{h}_{jk}^R \mu_i^R Z_K^R Y_{ij}^R \right\}$$

（4-28）

s.t. $\sum_{j \in J} Y_{ij}^F = 1, \sum_{j \in J} Y_{ij}^R = 1, \forall i \in I$ （4-29）

$Y_{ij}^F \leq X_j^F, Y_{ij}^R \leq X_j^R, \forall i \in I, j \in J$ （4-30）

$\sum_{k \in K} Z_{jk}^F = X_j^F, \forall j \in J$ （4-31）

$\sum_{k \in K} Z_K^R = X_j^R, \forall j \in J$ （4-32）

$X_j^R \leq \sum_{i \in I} Y_{ij}^F, \forall j \in J$ （4-33）

$X_j^F, X_j^R, Z_{jk}^F, Z_K^R, Y_{ij}^F, Y_{ij}^R \in \{0,1\}, \forall i \in I, j \in J$ （4-34）

$S_j^F, C_j^R \geq 0, \forall j \in J$ （4-35）

（4）完全协调机制4（P^C），联合配送中心的新产品和退货产品的定期盘

点间隔相同。此时,基于模型(P),只需重新定义决策变量Z_{jk},其含义为

$$Z_{jk} = \begin{cases} 1 & \text{如果配送中心以周期}t_k\text{进行盘点} \\ 0 & \text{其他} \end{cases}$$

然后,将其分别替换模型(P)中的Z_{jk}^F和Z_{jk}^R,便可得到该情形下的联合优化模型:

$$(\text{P}^{\text{FR}}) \min \sum_{j \in J} f_j^F X_j^F + \sum_{j \in J} \sum_{i \in I} \bar{a}_{ij}^F \mu_i^F Y_{ij}^F$$

$$+ \sum_{j \in J} \left\{ \sum_{k \in K} \bar{g}_{jk}^F Z_{jk} + \sum_{i \in I} \sum_{k \in K} \bar{h}_{jk}^F \mu_i^F Z_{jk} Y_{ij}^F + \sum_{k \in K} t_{jk} \sqrt{\sum_{i \in I} \sum_{i' \in I} (t_k + l_j) \Phi_{ii'}^F \sigma_i^F \sigma_{i'}^F Z_K^F Y_{ij}^F Y_{i'j}^F} \right\}$$

$$+ \sum_{j \in J} f_j^R X_j^R + \sum_{j \in J} \sum_{i \in I} \bar{a}_{ij}^R \mu_i^R Y_{ij}^R + \sum_{j \in J} \left\{ p_j^R C_j^R + \sum_{k \in K} \bar{g}_{jk}^R Z_{jk} + \sum_{i \in I} \sum_{k \in K} \bar{h}_{jk}^R \mu_i^R Z_{jk} Y_{ij}^R \right\}$$

(4-36)

$$\text{s.t.} \quad \sum_{j \in J} Y_{ij}^F = 1, \sum_{j \in J} Y_{ij}^R = 1, \forall i \in I \quad (4\text{-}37)$$

$$Y_{ij}^F \leqslant X_j^F, Y_{ij}^R \leqslant X_j^R, \forall i \in I, j \in J \quad (4\text{-}38)$$

$$\sum_{k \in K} Z_{jk} = X_j^F, \forall j \in J \quad (4\text{-}39)$$

$$\sum_{k \in K} Z_{jk} = X_j^R, \forall j \in J \quad (4\text{-}40)$$

$$X_j^R \leqslant \sum_{i \in I} Y_{ij}^F, \forall j \in J \quad (4\text{-}41)$$

$$X_j^F, X_j^R, Z_{jk}, Y_{ij}^F, Y_{ij}^R \in \{0,1\}, \forall i \in I, j \in J \quad (4\text{-}42)$$

$$S_j^F, C_j^R \geqslant 0, \forall j \in J \quad (4\text{-}43)$$

4.4.3 基于机会约束的风险规避型闭环物流设施选址–库存策略联合优化模型

为提高决策方案在随机需求环境下的可靠性，本章将进一步研究风险规避型闭环物流设施选址–库存策略联合优化模型。在联合选址–库存问题的研究中，通常假定产品的需求服从某一分布（如正态分布或泊松分布）。然而，由于退换货逆向需求的不确定性，通常很难准确获取或估计出其概率分布。因此，仅仅考虑以随机分布下的期望为测度方法将难以保证模型所得方案的可行性与可靠性。

为此，本书将采用机会约束对上述模型的中的关键因素加以约束，以保证所得方案在不确定环境下的可靠性水平。机会约束常用来限制某随机变量相关的损失或收益函数在不确定环境下超过或低于某一特定值的概率小于特定水平。一般机会约束中的特定值或特定水平常由决策者决定，因此机会约束直接反映了决策者在不确定条件下的风险偏好。所以，基于机会约束的优化问题也常用来提高该决策方案在不确定环境下的可靠性。在本节上述模型中，由于退换货需求的高度随机性，决策方案对逆向需求的可行性决定了该模型的可靠性，因此，本书将针对逆向需求中的相关问题通过机会约束加以限定。

具体地，对于 $\Bbbk_j^R(C_j^R, T_j^R)$，与上述风险中性模型相比，在机会约束下要求：

$$\Bbbk_j^R(C_j^R, T_j^R) = \begin{cases} \min \quad p_j^R C_j^R + \dfrac{g_j^R}{T_j^R} + \sum_{i \in I} \dfrac{h_j^R T_j^R \mu_i^R Y_{ij}^R}{2} \\ \text{s.t.} \quad \Pr\{\sum_{i \in I} \mu_i^R Y_{ij}^R T_j^R \leq C_j^R\} \geq \alpha \\ \qquad C_j^R \geq 0 \end{cases} \quad (4-44)$$

即在随机需求下，要求逆向物流中配送中心关于退换货产品的存储不超过对应库存容量的概率大于 $\alpha \in (0,1]$，其中，α 的取值便反映了该问题中的风险水平。

此外，二氧化碳排放同样是闭环物流网络应注意的一个关键问题，上述模型并未考虑该因素。在机会约束下，同样可以控制在该联合优化问题中，总的碳排放水平维持在一定水平。假设每个设施单位容量的碳排放水平为 e_j，运输过程中的单位产品的碳排放水平为 e_{ij}，那么该问题所产生的二氧化碳排放总量为 $\delta(X,Y) = \sum_{j \in J} e_j X_j^{RF} + \sum_{j \in J} e_j X_j^R + \sum_{j \in J}\sum_{i \in I} e_{ij} \mu_i^F Y_{ij}^F + \sum_{j \in J}\sum_{i \in I} e_{ij} \mu_i^R Y_{ij}^R$，如果决策对该因素的风险水平为 $\beta \in (0,1]$，其排放阈值为 $\tilde{\Lambda}$，那么可得关于二氧化碳排放的机会约束

$$\Pr\{\delta(X,Y) \leqslant \Gamma\} \geqslant \beta \tag{4-45}$$

基于上述分析，综合便可得到在随机需求下基于机会约束的风险规避型闭环物流设施选址-库存策略联合优化模型（RP），以完全非协调机制下的问题为例，其模型表达如下所述：

$$(\text{RP}) \min \sum_{j \in J} f_j^F X_j^F + \sum_{j \in J}\sum_{i \in I} a_j^F \mu_i^F Y_{ij}^F + \sum_{j \in J} \mathbb{K}_j^F (S_j^F, T_j^F) + \sum_{j \in J}\sum_{i \in I} d_{ij} \mu_i^F Y_{ij}^F$$
$$+ \sum_{j \in J} f_j^R X_j^R + \sum_{j \in J}\sum_{i \in I} a_j^R \mu_i^R Y_{ij}^R + \sum_{j \in J} \mathbb{K}_j^R (C_j^R, T_j^R) + \sum_{j \in J}\sum_{i \in I} d_{ij} \mu_i^R Y_{ij}^R \tag{4-46}$$

$$\text{s.t.} \quad \sum_{j \in J} Y_{ij}^F = 1, \sum_{j \in J} Y_{ij}^R = 1, \forall i \in I \tag{4-47}$$

$$Y_{ij}^F \leqslant X_j^F, Y_{ij}^R \leqslant X_j^R, \forall i \in I, j \in J \tag{4-48}$$

$$\sum_{k \in K} Z_{jk}^F = X_j^F, \forall j \in J \tag{4-49}$$

$$\sum_{k \in K} Z_{jk}^R = X_j^R, \forall j \in J \tag{4-50}$$

$$X_j^R \leqslant \sum_{i \in I} Y_{ij}^F, \forall j \in J \tag{4-51}$$

$$\Pr\{\sum_{i \in I} \mu_i^R Y_{ij}^R T_j^R \leqslant C_j^R\} \geqslant \alpha \tag{4-52}$$

$$\Pr\{\sum_{j \in J} e_j X_j^{RF} + \sum_{j \in J} e_j X_j^R + \sum_{j \in J}\sum_{i \in I} e_{ij} \mu_i^F Y_{ij}^F + \sum_{j \in J}\sum_{i \in I} e_{ij} \mu_i^R Y_{ij}^R \leqslant \Gamma\} \geqslant \beta, \tag{4-53}$$

$$X_j^F, X_j^R, z_{jk}^F, z_{jk}^R, Y_{ij}^F, Y_{ij}^R \in \{0,1\}, \forall i \in I, j \in J \tag{4-54}$$

$$S_j^F, C_j^R \geqslant 0, \forall j \in J \tag{4-55}$$

4.5 模型求解算法研究

由于模型（RP）中 $Z_{jk}^F Y_{ij}^F$、$Z_{jk}^R Y_{ij}^R$ 等非线性项以及机会约束的存在，使得该有机会约束的非线性混合整数规划的快速准确求解仍是一项巨大的挑战。因此，如何处理上述非线性项和机会约束，是求解该问题的关键。通过分析发现，上述模型可以通过等价变换重构为二阶混合整数锥规划，然后可以通过优化求解软件，如CPLEX进行求解。其中，转换的第一步便是对非线性项的线性化，然后，便是对机会约束的等价转换。

4.5.1 基于线性重构和确定型近似的模型等价转化

在第3章所提优化模型中，同样存在与本章类似的二次项，为了线性化模型，第3章提出了基于多分解结构的改进线性重构技术。然而，此处的二次项与第3章不同的是，二次项中的元素均为二进制决策变量，第3章中为二进制变量与连续变量的乘积。相对而言，本章的非线性项更加容易处理，为此，分别引进了两个辅助二进制决策变量 V_{ijk}^F 和 V_{ijk}^R，其含义分别为

$$V_{ijk}^F = \begin{cases} 1, & \text{若零售商} i \text{被分配给} D, \text{盘点周期为} t_k \\ 0, & \text{其他} \end{cases}$$

$$V_{ijk}^R = \begin{cases} 1, & \text{若零售商} i \text{被分配给} D, \text{盘点周期为} t_k \\ 0, & \text{其他} \end{cases}$$

$$V_{ijk}^F \geqslant Y_{ij}^F + Z_{jk}^F - 1, \forall i \in I, j \in J, k \in K \tag{4-56}$$

$$V_{ijk}^F \leqslant Y_{ij}^F, \quad V_{ijk}^F \leqslant Z_{jk}^F, \forall i \in I, j \in J, k \in K \tag{4-57}$$

$$V_{ijk}^R \geqslant Y_{ij}^R + Z_{jk}^R - 1, \forall i \in I, j \in J, k \in K \tag{4-58}$$

$$V_{ijk}^R \leqslant Y_{ij}^R, \quad V_{ijk}^R \leqslant Z_{jk}^R, \forall i \in I, j \in J, k \in K \tag{4-59}$$

机会约束（4-45）和机会约束（4-46）的非凸性是导致本问题求解困难的另一关键因素，因此本书通过将其转换为确定型等价约束对其转换。针对机会约束（4-45），定义辅助决策变量：

$$\rho_\alpha = \begin{cases} \sqrt{\dfrac{\alpha}{1-\alpha}}, & \text{若每个客户的退换货产品数量是一个任意的随机变量} \\ \sqrt{\dfrac{1}{2(1-\alpha)}}, & \text{若每个客户的退换货产品数量是一个对称的随机变量，} \alpha \in [0.5, 1] \\ \sqrt{\dfrac{2}{9(1-\alpha)}}, & \text{若每个客户的退换货产品数量是一个单模对称的随机变量，} \alpha \in [0.5, 1] \end{cases}$$

那么基于Bonami和Lejeune的研究，机会约束（4-45）可构建以下等价条件：

$$\sum_{i \in I}\sum_{k \in K} \mu_i^R t_k V_{ijk}^R + \rho_\alpha \sqrt{\sum_{i \in I}\sum_{i' \in I}\sum_{k \in K} t_k \Phi_{ii'}^R \sigma_i^R \sigma_{i'}^R V_{ijk}^R V_{i'jk}^R} \leqslant C_j^R$$

令

$$U_{jk}^F \geqslant \sqrt{\sum_{i \in I}\sum_{i' \in I}(t_k + l_j)\, \Phi_{ii'}^F \sigma_i^F \sigma_{i'}^F V_{ijk}^F V_{i'jk}^F}$$

$$U_j^R \geq \sqrt{\sum_{i\in I}\sum_{i'\in I}\sum_{k\in K} t_k \Phi_{ii'}^R \sigma_i^R \sigma_{i'}^R V_{ijk}^R V_{i'jk}^R}$$

类似地，对于机会约束（4-46），定义辅助决策变量：

$$\varrho_\beta = \begin{cases} \sqrt{\dfrac{\beta}{1-\beta}}, & \text{若满足单位需求的二氧化碳排放量是一个任意的随机变量} \\ \sqrt{\dfrac{1}{2(1-\beta)}}, & \text{若满足单位需求的二氧化碳排放量是一个对称的随机变量}, \beta \in [0.5,1] \\ \sqrt{\dfrac{2}{9(1-\beta)}}, & \text{若满足单位需求的二氧化碳排放量是一个单模对称的随机变量}, \beta \in [0.5,1] \end{cases}$$

机会约束（4-46）有如下等价约束：

$$\varrho_\beta \left(\sum_{j\in J} e_j X_j^{RF} + \sum_{j\in J} e_j X_j^R + \sum_{j\in J}\sum_{i\in I} e_{ij} \mu_i^F Y_{ij}^F + \sum_{j\in J}\sum_{i\in I} e_{ij} \mu_i^R Y_{ij}^R \right) \leq \Gamma$$

那么，模型（RP）最终可以转换为下述优化模型（LRP）：

(LRP) $\min \sum_{j\in J} f_j^F XF_j + \sum_{j\in J}\sum_{i\in I} \bar{a}_{ij}^F \mu_I^F Y_{ij}^F$

$$\sum_{j\in J}\left\{\sum_{k\in K}\bar{g}_{ij}^F Z_{jk}^F + \sum_{i\in I}\sum_{k\in K}\bar{h}_{ij}^F \mu_i^F V_{ijk}^F + \sum_{k\in K}\hat{t}_{jk}U_{jk}^F\right\} + \sum_{j\in J} f_j^R XR_j + \sum_{j\in J}\sum_{i\in I}\bar{a}_{ij}^R \mu_I^R Y_{ij}^R \quad (4\text{-}60)$$

$$+ \sum_{j\in J}\left\{p_j^R C_j^R + \sum_{k\in K}\bar{g}_{jk}^R Z_{jk}^R + \sum_{i\in I}\sum_{k\in K}\bar{h}_{ij}^R \mu_i^R V_{ijk}^R\right\}$$

s.t. $U_{jk}^F \geq \sqrt{\sum_{i\in I}\sum_{i'\in I} t_k + l_j \phi_{ii'}^F \sigma_i^F \sigma_{i'}^F V_{ijk}^F V_{i'jk}^F}, \forall j \in J, k \in K$ （4-61）

$U_j^R \geq \sqrt{\sum_{i\in I}\sum_{i'\in I}\sum_{k\in K} t_k \phi_{ii'}^R \sigma_i^R \sigma_{i'}^R V_{ijk}^R V_{i'jk}^R}, \forall j \in J$ （4-62）

$\sum_{i\in I}\sum_{k\in K}\mu_i^R t_k V_{ijk}^R + \rho_\alpha U_j^R \leq C_j^R, \forall j \in J$ （4-63）

$$\varrho_\beta\left(\sum_{j\in J}e_j X_j^{RF} + \sum_{j\in J}e_j X_j^R + \sum_{j\in J}\sum_{i\in I}e_{ij}\mu_i^F Y_{ij}^F + \sum_{j\in J}\sum_{i\in I}e_{ij}\mu_i^R Y_{ij}^R\right) \leqslant \Gamma \quad (4-64)$$

$$\sum_{j\in J}Y_{ij}^F = 1, \ \sum_{j\in J}Y_{ij}^R = 1, \ \forall i \in I \quad (4-65)$$

$$Y_{ij}^F \leqslant XF_j, \ Y_{ij}^R \leqslant X_j^R, \ \forall i \in I, \ j \in J \quad (4-66)$$

$$\sum_{k\in K}Z_{jk}^F = Y_{ij}^F, \forall j \in J \quad (4-67)$$

$$X_j^R \leqslant \sum_{i\in I}Y_{ij}^F, \forall j \in J \quad (4-68)$$

$$\sum_{k\in K}V_{ijk}^F = Y_{ij}^F, \sum_{k\in K}V_{ijk}^R = Y_{ij}^R, \forall i \in I, j \in J \quad (4-69)$$

$$V_{ijk}^F \leqslant Z_{jk}^F, V_{ijk}^R \leqslant Z_{jk}^R, \forall j \in J, k \in K \quad (4-70)$$

$$C_j^R \geqslant 0, U_{jk}^R, U_j^R, V_{ijk}^F, V_{ijk}^R \geqslant 0, \forall j \in J, k \in K \quad (4-71)$$

$$X_j^F, X_j^R, Y_{ij}^F, Y_{ij}^R, Z_{jk}^F, Z_{jk}^R \in \{0,1\}, \forall i \in I, j \in J, k \in K \quad (4-72)$$

模型（LRP）是一个混合整数锥规划，当面对中小规模研究问题时，常用的规划问题求解软件CPLEX便可对其快速准确求解。

4.5.2　基于两阶段贪婪分解搜索规则的启发式求解算法

在前文所提约束下，随机需求下风险规避型设施选址-库存策略联合优化模型的等价混合整数锥规划模型虽然可以通过CPLEX加以求解，但涉及复杂的组合优化求解，在大规模案例下为提高模型计算效率仍然有待提高，因此寻求快速的启发式求解算法显得更有必要。为此，本书提出了基于贪婪分解搜索规则的启发式算法，该算法首先将问题基于设施对问题分解，得到若干子可行域，然后基于设施-库存策略价值等级排序生成具有贪婪性的最优

第4章　随机需求下风险规避型闭环物流设施选址–库存策略联合优化

选址和库存策略结果，在此基础上，通过设施–库存与设施–客户双层编码策略，逐步迭代最终实现上述模型中设施选址–库存策略的联合优化。该算法的流程图及具体步骤如下：

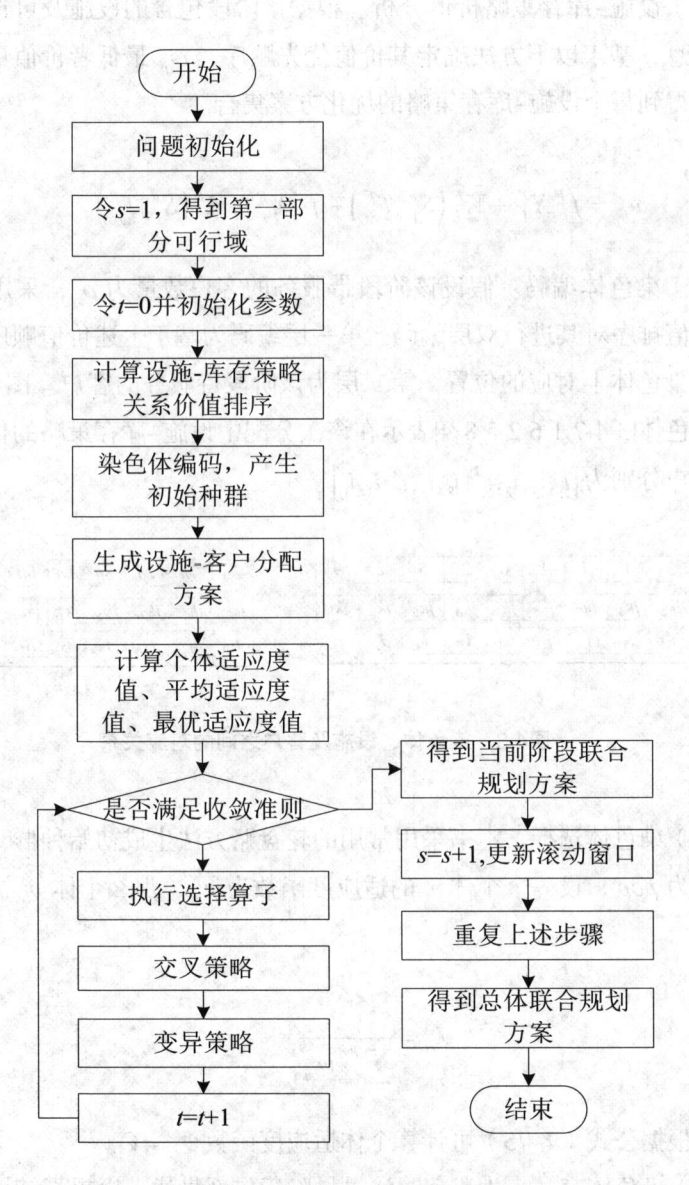

图4.2　基于贪婪分解搜索规则的启发式算法

（1）参数初始化。初始化可行域，并基于设施数量分为 s 个子区域，令 $s=1$，即明确初始对象，进行第一次选址与盘点策略选择；初始化该阶段开始时间 $t_{s,k}=0$，并设 t 为本次分配优化的进化代数。

（2）设施-库存策略价值分析。根据该阶段包含的设施及可选择的盘点策略信息，基于以下方法确定其价值优先顺序，ω_{jk} 最低者价值最大，依次排序，得到每个设施-库存策略的优化方案集合。

$$\omega_{jk} = f_j^F X_j^F + \mathbb{K}_j^F\left(S_j^F, T_j^F\right) + f_j^R X_j^R + \mathbb{K}_j^R\left(S_j^R, T_j^R\right) \tag{4-73}$$

（3）染色体编码。假设该阶段带服务的客户数量为 ρ_s，采用基于（2）中的价值排序对其进行双层编码。第一层编码为基于上述价值顺序序列确定的其在染色体上对应的位置，第二层为该阶段待服务的客户。图4.3中，$s=1$ 时，染色体[3 4 7 1 6 2 5 8 9]表示在该次分配中设施-库存策略的代码，其对应的客户分别为 $[i_1, i_5, i_2, i_{11}, i_8, i_5, i_9, i_3, i_1]$。

染色体	3	4	7	1	6	2	5	8	9	……	3n	7n	2n	5n	1n	6n	8n	4n	9n
任务	jk_2	jk_3	jk_7	jk_5	jk_1	jk_4	jk_6	jk_9	jk_8		jk_{3n}	jk_{7n}	jk_{2n}	jk_{5n}	jk_{1n}	jk_{6n}	jk_{8n}	jk_{4n}	jk_{9n}
资源	i_1	i_5	i_2	i_{11}	i_8	i_5	i_9	i_3	i_1		i_{10}	i_{51}	i_{21}	i_8	i_3	i_{15}	i_{19}	i_{31}	i_{10}

图4.3 染色体、设施及客户之间的对应关系

（4）染色体选择。本书采用常用的轮盘赌方法生成初始种群，其规模大小表示为 pop，设一个个体 m 的适应度函数为 ψ_m，那么个体 m 被选中的概率 λ_m 为

$$\lambda_m = \frac{\psi_m}{\sum_{m=1}^{pop} \psi_m} \tag{4-74}$$

其中，根据公式（4-75）可计算个体适应度函数 $\psi_m = \emptyset_m$。

（5）染色体交叉。为避免算法过早陷于局部最优，以提高结果的全局最优性，本书基于双点交叉策略增加种群的多样性，如图4.4所示。

第4章 随机需求下风险规避型闭环物流设施选址–库存策略联合优化

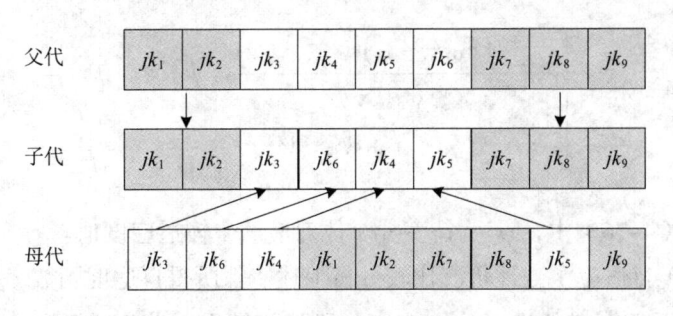

父代 | jk_1 | jk_2 | jk_3 | jk_4 | jk_5 | jk_6 | jk_7 | jk_8 | jk_9 |

子代 | jk_1 | jk_2 | jk_3 | jk_6 | jk_4 | jk_5 | jk_7 | jk_8 | jk_9 |

母代 | jk_3 | jk_6 | jk_4 | jk_1 | jk_2 | jk_7 | jk_8 | jk_5 | jk_9 |

图4.4 双点交叉规则示例

另外，为进一步提高搜索效率，引入自适应交叉概率是一种行之有效的方法，为此定义交叉过程中的自适应交叉函数 λ_c。

$$\lambda_c = \begin{cases} \lambda_{c1} - \dfrac{(\lambda_{c1} - \lambda_{c2})(\psi_i - \psi_{\text{avg}})}{\psi_{\max} - \psi_{\text{avg}}}, & \psi_i \geqslant \psi_{\text{avg}} \\ 0, & \psi_i < \psi_{\text{avg}} \end{cases} \quad (4-75)$$

其中，$\psi_{\max}$ 为最大个体适应度值，ψ_{avg} 为平均个体适应度值。

（6）染色体变异。为提高结果全局最优性，本书采用随机选择变异规则，从当前染色体相关基因中随机选择并互换，以产生新的染色体，这样可进一步增加种群多样性，提高全局搜索能力，如图4.5所示。

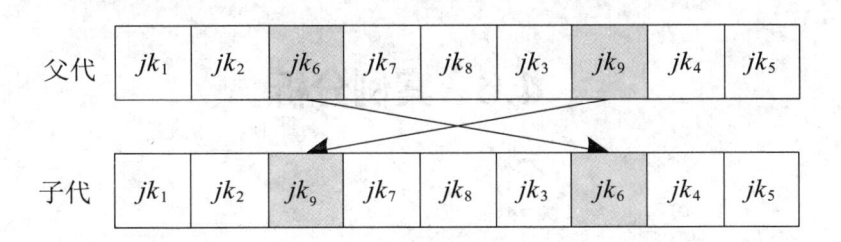

父代 | jk_1 | jk_2 | jk_6 | jk_7 | jk_8 | jk_3 | jk_9 | jk_4 | jk_5 |

子代 | jk_1 | jk_2 | jk_9 | jk_7 | jk_8 | jk_3 | jk_6 | jk_4 | jk_5 |

图4.5 随机互换变异示例

类似地，为提高变异过程的收敛效率，在其过程中同样引入自适应调整函数 λ_M。

$$\lambda_M = \begin{cases} \lambda_{M1} - \dfrac{(\lambda_{M1}-\lambda_{M2})(\psi_{\max}-\psi^*)}{\psi_{\max}-\psi_{\text{avg}}}, & \psi^* \geqslant \psi_{\text{avg}} \\ \lambda_{M1}, & \psi^* < \psi_{\text{avg}} \end{cases} \quad (4\text{-}76)$$

式（4-76）中，ψ^* 为待变异个体对应的个体适应度值。

（7）自适应函数评价。比较分析上述步骤所得自适度函数，并根据（8）中的终止条件判断是否输出 $s=1$ 阶段最终结果。若不满足，则令 $t=t+1$，循环上述步骤直到满足（7）中所述的终止条件。然后令 $s=s+1$，继续重复上述步骤。最终可得联合规划问题的最优方案。

（8）算法终止条件。在该联合规划问题中，其最优解难以提前预知，但其最优解的上界值容易获得。定义终止判断函数 $\chi_\Psi = \left|\dfrac{\Psi_{n+1}-\Psi_n}{\Psi_n}\right|$，$\chi_\psi = \left|\dfrac{\psi_{n+1}-\psi_n}{\psi_n}\right|$。当出现 $\max(\chi_\Psi,\chi_\psi)\leqslant \tau$，说明算法以呈收敛状态，此时可终止算法搜索过程，其中 τ 为运算精度。此外，还可预设最大迭代次数，当算法迭代过程达到该次数时，同样可以终止其搜索过程。但由于搜索过程的复杂性，无法准确预估其收敛状态下的搜索次数，因而本书选择使用终止判断函数 $\chi_\emptyset$ 作为算法终止条件。

4.6 案例分析

4.6.1 基本问题描述

本节继续以第3章中所提案例为研究对象，对本章所提关于闭环物流设施选址–库存策略联合优化模型及算法加以应用并验证。需要指出的是，在

第4章 随机需求下风险规避型闭环物流设施选址–库存策略联合优化

第3章研究中,相关模型以闭环物流设施选址–配取路径优化展开,其内容并未针对库存策略展开深入研究。而在本章中,相关模型以闭环物流设施选址–库存策略联合优化展开,而对于客户配送的具体路径并未展开深入分析。在本章工程案例中,决策者需要根据当地需求情况及相关成本、排放等要求确定以下问题:

(1)从14个备选点明确一个区域中心仓库,作为该区域商品服务的基地。

(2)从14个备选点确定最佳的前置配送中心仓库、回收中心、前置配送及回收联合仓库的数量及其布局方案。

(3)明确网络中各配送中心或仓库在随机需求下的库存策略及容量设定。

(4)明确各配送中心在正向与逆向物流中与客户的服务分配关系。

除第3章中相关参数外,本章所需的其他已知参数如表4.2所示。

表4.2 相关参数取值

参数	取值
盘点周期集	{1/6,1/4,1/2}
正向配送中心单位库存持有成本	1
逆向配送中心单位时间的库存持有成本	1
正向配送中心 j 向工厂下订单时的订货提前期	$U(0,1)$
配送中心 j 产品盘点和装运的固定成本	300
配送中心 j 退换货的盘点和装运的固定成本	300
服务水平 $á$	0.95
排放水平 β	0.95
客户 i 与 i' 的新产品的相关系数	0.5
客户 i 与 i' 的退换货产品的相关系数	0.5

4.6.2 算法效果分析

基于上述数据，以该案例为研究内容，基于本章所提方法对其建模，并基于线性重构和确定型近似的转换求解方法得到等价的混合整数二次锥规划模型，然后分别基于CPLEX软件对其求解；并通过所提出的基于贪婪分解搜索规则的启发式算法对模型加以求解，然后对比分析其算法特性。

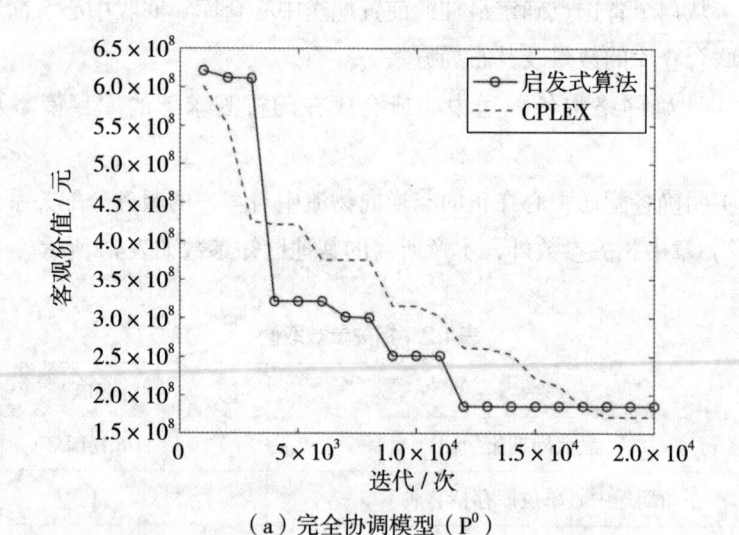

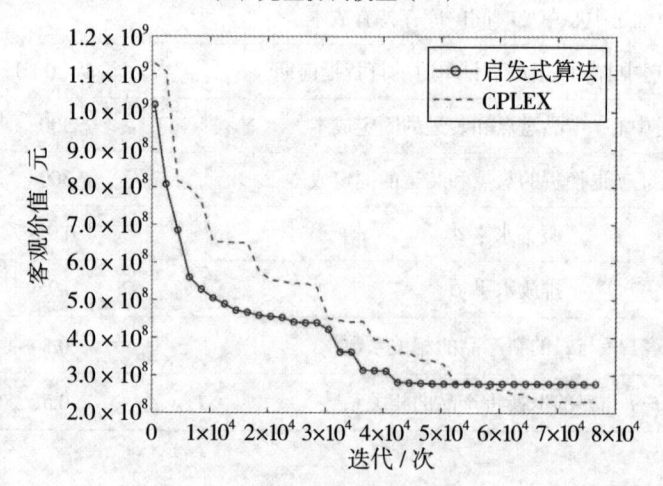

（a）完全协调模型（P^0）

（b）非完全协调模型（P^{FR}）

（c）非完全协调模型（P^F）

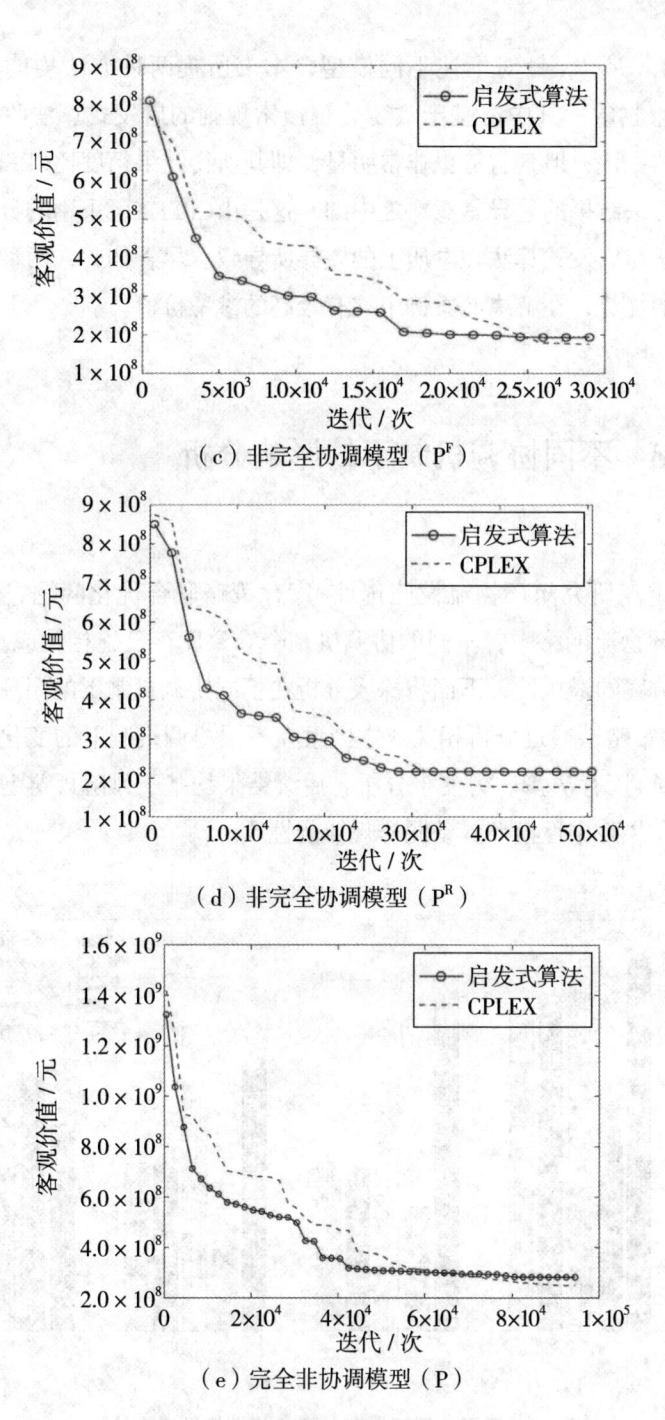

（d）非完全协调模型（P^R）

（e）完全非协调模型（P）

图4.6 不同模型下的算法收敛过程

如图4.6所示，针对上述不同模型，本书所提两种方法均能在可接受时间内获得收敛。其中，基于贪婪分解搜索规则的启发式算法收敛效率比CPLEX显然更快，但其劣势也非常明显，即其所得结果精度比CPLEX所得结果要差。算法结果的差异是意料之中的，这是由CPLEX所采用的分支定界这一精确算法与启发式算法在本质上的差异所导致。尽管如此，两种算法均表现出各自的优势，在解决此案例中均有较高的参考价值。

4.6.3 不同协调机制下的影响分析

本章重点研究闭环物流设施选址-库存策略联合优化问题，如前文所述，在闭环物流网络中，不同的协调机制会导致库存设施相关成本的变化，进而影响方案的最优性。下面将深入分析在不同协调机制下的闭环物流设施选址-库存策略，通过分析相关成本因素在不同协调机制下的变化，以确定最优的选址-库存决策。为便于分析，后续结果均基于风险规避型相关模型计算而得，风险中性模型具备同样规律的性质。

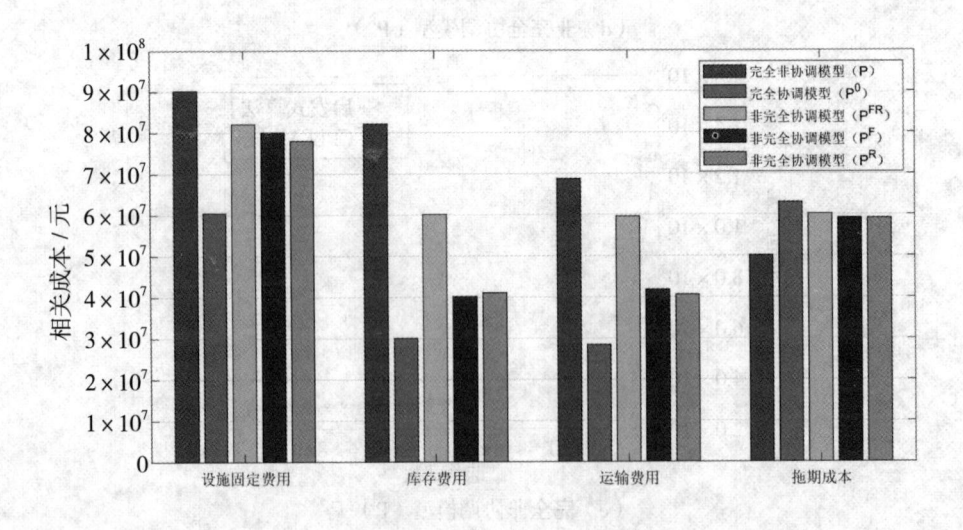

图4.7 不同协调机制下的联合规划模型成本结构

第4章 随机需求下风险规避型闭环物流设施选址–库存策略联合优化

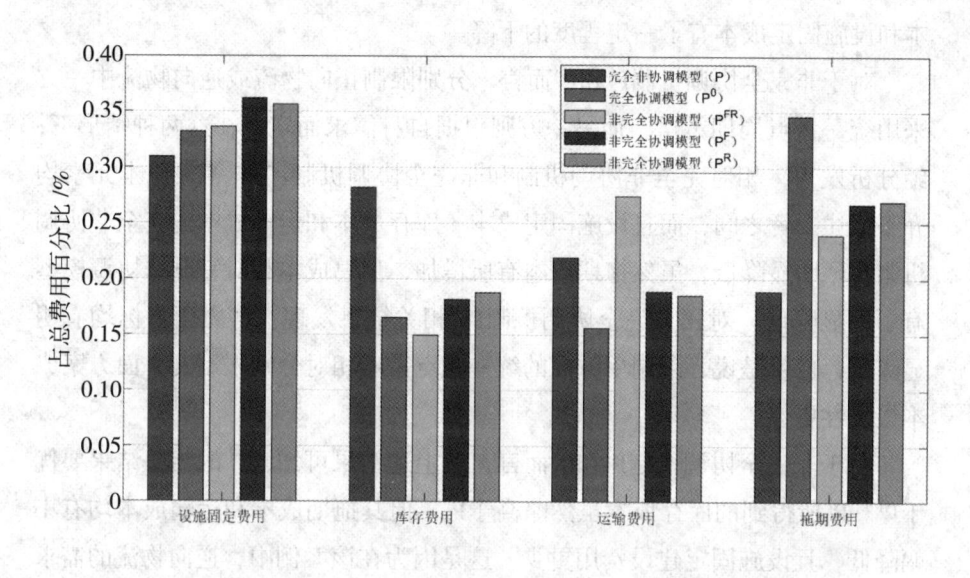

图4.8 不同协调机制下的联合规划模型各成本元素占总费用比例

如图4.7和图4.8所示，在各协调机制下，完全协调下的设施选址–库存策略方案产生的成本最小。因为所有配送中心仓库均采用相同的库存盘点周期，所以相应的库存和运输成本最小，相对其他方案，这大大降低了日常作业复杂程度。但是，由于需求的不确定性，统一的盘点周期造成了更多拖期成本，也就是完全协调机制难以满足随机需求对库存的要求。

对于另外一个极端，即完全非协调机制而言，各个配送中心库房根据自身需求情况设定库存策略，显然，这将有效降低拖期成本。但是，在该条件下，设施固定建设费用、库存费用及运输费用均有明显增加，这与前期分析相一致。

对于另外三种非完全协调机制，模型（P^{FR}）要求所有正向配送中心使用相同的定期盘点周期，而所有逆向配送中心使用另一个定期盘点周期，在此条件下，其拖期成本和设施固定成本比完全协调模型有所降低，虽然其库存成本和运输成本仍然较高，但其所占总成本比例相对于完全协调机制有了一定降低，这说明通过差异化库存策略可以有助于降低库存成本。同样地，尽管库存策略在正向物流和逆向物流做了差异化决策，但相对完全协调而言，其库存成本及运输成本仍然偏高，得益于这一差异化决策，使得拖期成本和设施固定成本有了一定程度的下降。

对于非完全协调机制P^F和P^R而言，分别限制正向物流或逆向物流中一方采用统一盘点周期策略，而另一方则根据自身需求而定，在这两种情形下，经分析发现，相对完全非协调机制和非完全协调机制P^{FR}，相关成本元素均介于上述二者之间，而且设施固定成本、库存成本和运输成本比完全非协调机制有了明显降低，虽然拖期成本有所增加，但总成本相对完全非协调模型有了明显降低。对比非完全协调机制P^{FR}相关结果发现，各方面指标均有明显降低，也就是说，限制单方面的统一盘点策略相对分别限制两方面方案成本最优性更佳。

对于非完全协调机制P^F和P^R而言，从上述结果可知，P^R的相关结果要优于P^F。P^R所得到的库存成本虽然略高于P^F，但其拖期成本和运输成本均有小幅降低，且设施固定建设费用更少。这是因为在该案例中，逆向物流的需求相对正向物流所占总需求的比例较低，此时，对逆向物流配送中心仓库采取统一盘点策略相比对正向物流配送中心仓库采取统一盘点策略对最终方案产生的负面影响要低。

综上所述，虽然完全非协调策略有助于提高联合决策方案在随机需求环境下的最优性和可靠性，但其花费总成本最高。完全协调方案虽然得到成本最优的方案，但其应对随机需求的能力较差。综合分析后可以发现，控制需求量较少的逆向物流配送中心遵循统一库存策略，而需求量较大的正向物流配送中心则根据自身面对的需求选择适当的库存策略，在此条件下，可产生综合效果最优的联合决策方案。

4.6.4 联合优化模型的可行性分析

为提高规划方案的可行性，本书提出了随机需求下闭环物流设施选址-库存策略联合优化模型，由于问题的复杂性，当前大部分研究常常将两个问题独立研究。为证明本书联合优化的必要性，下面将对比分析两种决策方法的区别。

需要说明的是，以下联合优化的结果均是基于在非完全协调机制P^R下构建的风险规避型模型，并通过CPLEX所求得结果，独立模型是通过将上述模型解构后通过CPLEX求解所得。

如表4.3所示，本书所提联合优化模型与第3章闭环物流设施选址-配取路径联合优化性质类似，其在总成本上比其中任何一个独立模型均较高，但是相对于两个独立模型之和降低了33.6%。这是因为相对于独立选址问题，联合问题在融入库存策略优化后需要考虑仓库因盘点及再订购或配送产生的成本，以及库存容量设置等成本；相对于独立库存策略问题，联合优化问题还需考虑设施建设的固定费用。由于联合优化问题、独立的选址决策与库存决策在需求分配时均基于最短路径展开，因此其运输成本差别并不明显。综合上述因素，联合问题相对每个独立问题的总成本有着一定增加。但是联合优化模型产生惩罚成本明显低于独立的选址问题和库存策略规划问题，这说明在库存规划时充分考虑设施决策，在设施决策时融合库存策略，均可有效提升客户需求服务能力。

表4.3 联合优化问题与独立问题结果对比

模型	总成本/元	固定建设成本/元	库存成本/元	运输成本/元	惩罚成本/元	二氧化碳排放量/t
联合优化模型	101 215 421	42 733 961	18 326 511	30 942 805	9 212 144	575
设施选址模型	80 415 451	41 231 117	0	28 766 180	10 418 154	568
库存策略模型	54 841 154	10 155 563	17 010 120	28 470 150	11 215 441	523

综上所述，综合考虑设施选址-库存策略问题相对于独立求解，所得方案在随机需求下具有更高的可行性。

4.6.3　风险规避型决策的可靠性分析

针对闭环物流设施选址-库存策略联合规划问题,基于前述工程背景及相关数据,通过本章所提的基于机会约束的风险规避型模型构建相应模型,以此分析在随机需求下当考虑决策者风险偏好时给决策方案带来的影响,以及采用联合优化方案相对于传统独立问题的提升方案可行性的优势。在本章案例中,模型同时考虑在不同库存策略下的设施选址决策、库存盘点决策、库存容量决策以及客户服务分配决策等内容,以期在随机需求下使得相关总成本,如设施建设固定成本、运输成本、库存成本最小,并将二氧化碳排量控制在较低水平。

基于本章所提模型和相关算法,风险规避型方案关于总成本和二氧化碳排放相关结果如表4.4所示。

表4.4　不同策略下风险规避型和风险中性模型结果对比

库存策略	总成本/元 风险中性（P）	总成本/元 风险规避型（RP）	二氧化碳排放/t 风险中性（P）	二氧化碳排放/t 风险规避型（RP）
完全非协调模型（P）	250 016 767	291 245 712	655	693
完全协调模型（P^0）	171 021 545	182 314 712	586	595
非完全协调模型（P^{FR}）	230 548 741	262 148 511	628	644
非完全协调模型（P^F）	207 481 862	221 481 454	619	637
非完全协调模型（P^R）	202 334 115	218 914 524	610	632

由表4.4可以看出,在随机需求下,风险规避型模型相对于风险中性模型产生了更多的总成本和二氧化碳排放,这与第3章中关于设施选址-配取路径联合优化相关研究的结论是一致的。如图4.7所示,不论在哪种库存策略下,风险规避型模型比风险中性模型都有较低的拖期成本,也就是说,风险规避型模型在随机需求下的可靠性更高。

第4章 随机需求下风险规避型闭环物流设施选址-库存策略联合优化

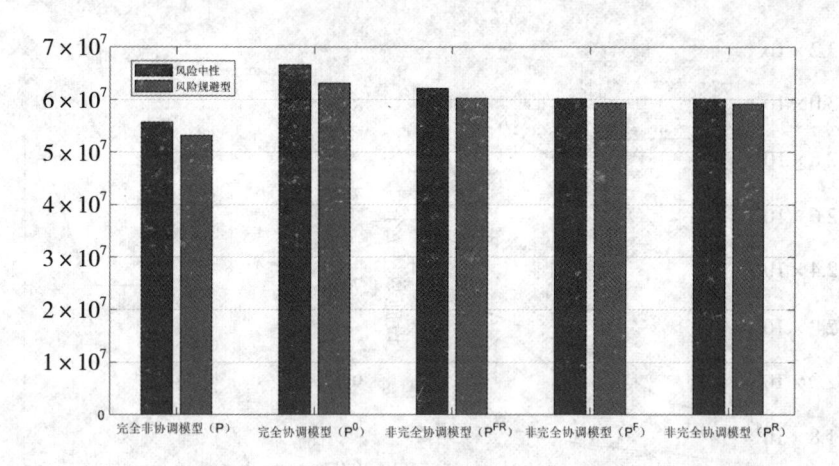

图4.7 不同协调机制下风险规避型和风险中性模型拖期成本对比

由上述模型可知，在机会约束中，参数 α 或 β 反映了决策者在此不确定环境下的风险态度，即要求相关指标控制在一定水平。在上述结果中，服务水平及排放水平均为0.95，下面进行灵敏度分析，通过改变风险偏好水平，观察最优成本及相关指标的变化，进一步分析决策者风险偏好对决策结果的影响。

如图4.8所示，在一定排放水平（$\beta = 0.95$）下，当服务水平 α 对应的风险水平逐渐增加时，即决策者风险规避型程度提高，此时，联合规划方案产生的总成本逐渐增加。这是因为该方案为满足不确定的客户需求，在满足一定碳排放要求下，不得不增加设施的数量，这通过图4.8（b）便可说明。同样地，在一定服务水平（$\alpha = 0.95$）下，随着对随机需求下碳排放风险水平的增加，由图4.8（c）和图4.8（d）可知，二氧化碳的排放量可以得到有效控制，但其代价便是拖期成本的增加，这是因为在此条件下，决策者对碳排放的重视程度逐渐超过服务水平，因此决策者宁愿牺牲服务水平，以控制碳排放量。当然，在此情形下，联合规划方案的总成本显然也会增加。

(a) 总成本与 α

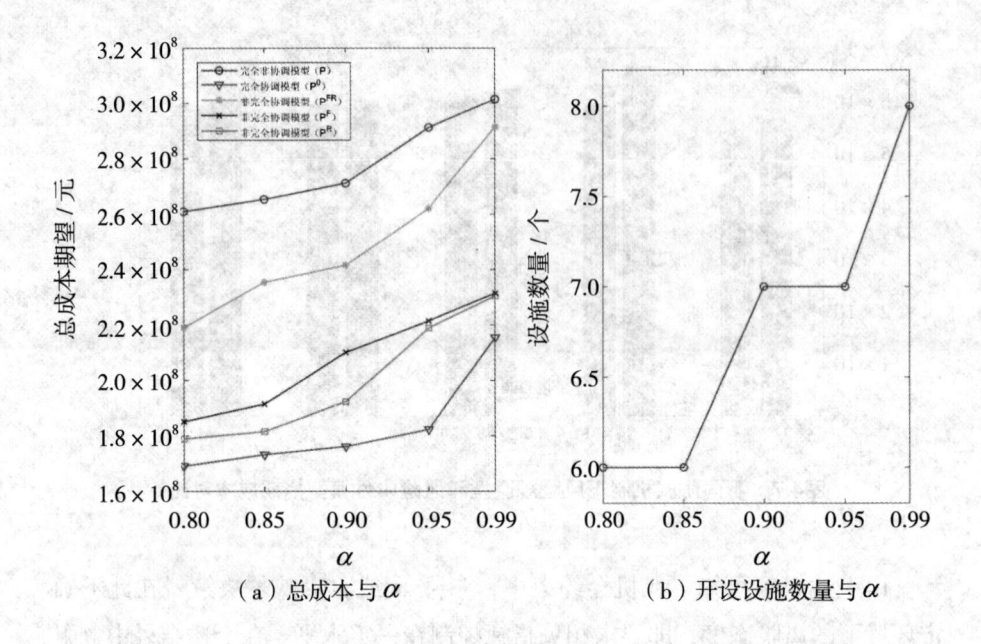

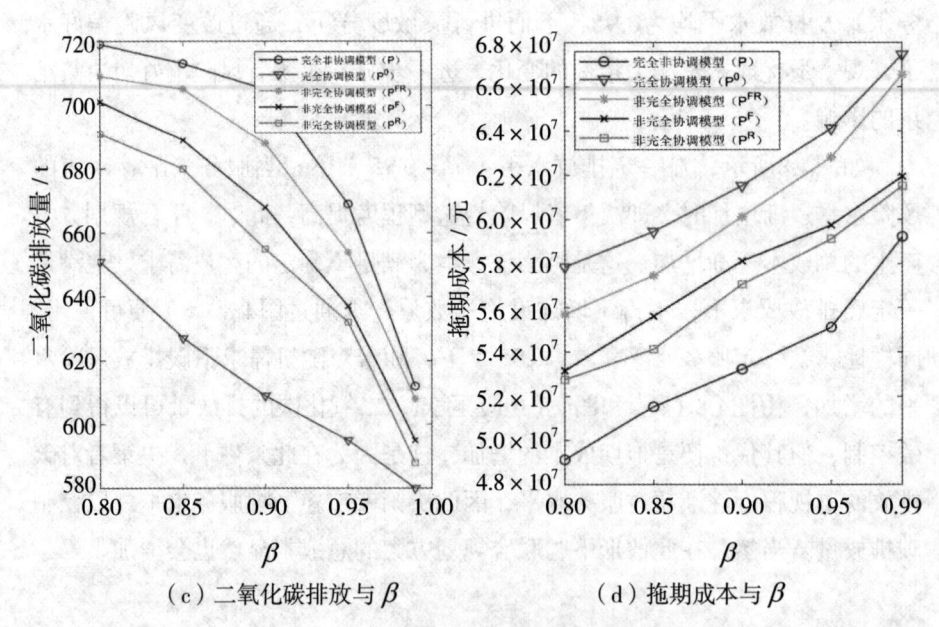

(b) 开设设施数量与 α

(c) 二氧化碳排放与 β

(d) 拖期成本与 β

图4.8 关于风险水平 α 和 β 的灵敏度分析

4.7　本章小结

本部分考虑了绿色闭环物流网络设计中的风险规避型设施选址-库存策略联合优化问题。首先分析了网络中各配送中心的不同库存协调机制，基于此构建了闭环物流设施选址-库存策略联合优化基本模型；然后，为提高方案可靠性，提出了基于机会约束的风险规避型联合优化模型。考虑到构建的数学模型是0-1混合整数非线性规划，难以求解，为此，本书设计了一种等价转换方法，以获得0-1混合整数二次锥规划模型，然后通过CPLEX软件对其进行求解。此外针对大规模问题，为提高求解效率，提出了基于贪婪分解搜索规则的启发式算法。最后通过第3章所述案例对本章所提模型和算法进行了有效性分析和验证。

第5章 随机需求下风险规避型闭环物流设施选址–库存策略–配取路径联合优化

本章将继续深入研究随机需求下的风险规避型闭环物流网络设计问题。基于第3章和第4章研究，本章将面向闭环物流设施选址–库存策略–配取路径这一总体联合规划问题展开深入研究，以弥补第4章联合优化问题中存在的缺陷。

5.1 引言

基于前文所述，在闭环物流网络设计中，设施选址决策从战略层面决定了整个网络的基本结构，库存策略和路径规划从战术层面决定了闭环物流网络的基本功能。由于设施选址、库存策略，以及配取路径等问题的复杂性，当前大部分研究通常独立研究各个问题，这导致对应决策在随机需求环境下过于理想化。例如，设施选址决策和库存策略规划通常基于最短路径计算其运输成本，配取路径规划往往假设各配送中心的服务容量为最佳状态。

为提高闭环物流网络设计方案在随机需求下的可行性,本书在第3章和第4章首先提出了闭环物流设施选址–配取路径联合优化、闭环物流设施选址–库存策略联合优化的相关模型和求解算法。研究成果发现所得结果相对独立问题的解决办法在方案最优性方面有着显著提升。需要说明的是,与闭环物流设施选址–配取路径联合优化相比,闭环物流设施选址–库存策略联合优化研究并未考虑在客户需求服务中的路径选择问题,而是假设相关运输均基于最短路径进行,这将直接导致运输费用在不确定环境下相对理想化。而闭环物流设施选址–配取路径研究关于惩罚成本的计算并未考虑相关仓储中心的库存策略,其服务容量和相关盘点决策等均假设在最理想状态下进行,因此其结果相对本章也过于理想。因此,虽然第3章与第4章联合优化模型相对各自独立模型都有较大优势,但其根本上仍存在缺陷。本书将综合设施选址–库存策略–配取路径等问题,深入研究其联合规划方案,进一步提升方案在随机需求下可行性。

此外,提高决策方案在不确定环境下的可靠性始终是本书追求的重要目标之一。为此,第3章和第4章分别提出了基于条件风险值和机会约束的风险规避型联合优化模型,通过控制相关指标在不确定环境下的风险水平来提高方案的可靠性。换言之,该方法所得方案是基于决策者对所得结果在不确定环境下的可靠性期望而获得,它融合了决策者的主观风险偏好。通过相关结果发现,基于上述方法得到的风险规避型方案相对传统风险中性结果在随机需求下的惩罚成本或拖期成本有了明显降低,也就是说,所得方案的可靠性有了明显提升。

在本章研究中,将继续关注如何提升上述闭环物流设施选址–库存策略–配取路径联合优化模型所得方案的可靠性问题。与此同时,由于问题本身的复杂性,如何对其进行高效准确求解依然是一个极具挑战性的问题,因此,本章也将继续深入研究相关模型的求解算法。

5.2　问题描述与研究思路分析

基于前面所述，本章针对闭环物流设施选址-库存策略-配取路径联合优化问题展开深入研究。

5.2.1　问题描述

如前文类似，本章考虑由工厂或区域中心库房及若干配送中心和客户市场组成的闭环物流网络设计优化问题，基本结构如图5.1所示。与前文不同的是，在本章随机需求下的设施选址-库存策略-配取路径联合优化问题中，需解决以下基本问题。

（1）从一组候选设施集合中确定正向和逆向配送中心的位置。
（2）明确设施与客户需求之间的匹配关系。
（3）制定各配送中心的库存控制策略（如库存盘点周期、库存容量等）。
（4）明确各配送中心对相应客户需求的最优配取路径。
（5）对决策者风险规避型偏好量化建模。

在上述基本问题下，本书希望实现相关总成本的最小化（包含设施固定建设成本、运输成本和库存成本），同时要求在运输过程中的二氧化碳排放量尽可能控制在较低水平。

为保证本章研究的严谨性，相关假设如下所述。
①每个客户假设只需一个配送中心对其提供服务。
②每个客户仅需一辆车对其商品配送或回收。
③逆向物流的退换货需求随机分布可通过历史数据获取。
④库存状态表示现有库存加上订货量减去缺货量。
⑤盘点成本不依赖于盘点周期和目标库存水平。
⑥订货提前期仅与对应配送中心相关，且为常数。

⑦对于正向配送中心，由于补货的存在，因此不考虑其容量限制。

⑧对于逆向物流对应的配送中心，考虑其相关容量限制。

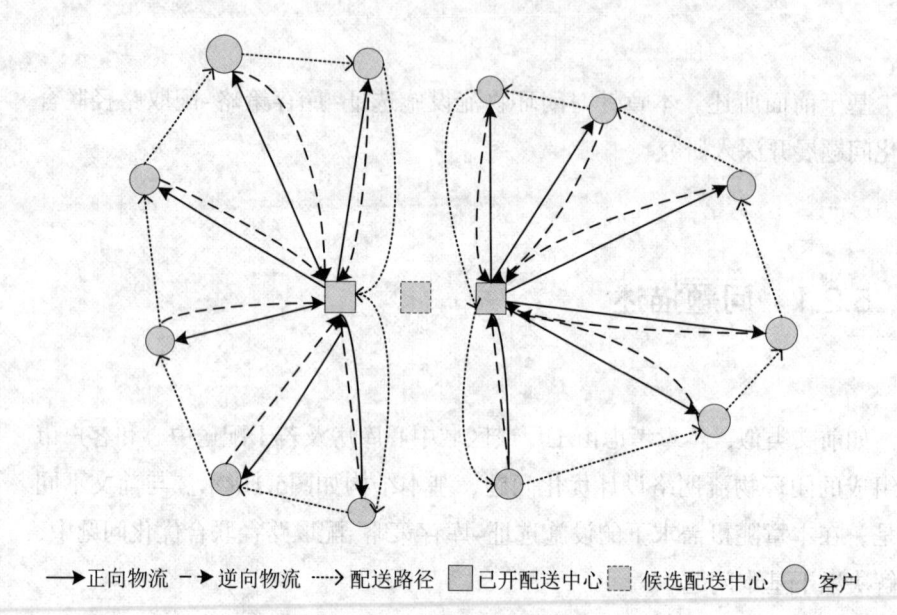

图5.1　闭环物流网络结构示意图

5.2.2　研究思路

针对上述问题，本章采取的研究思路如图5.2所示。

为解决随机需求下闭环物流设施选址-库存策略-配取路径联合优化问题，本章研究过程可分为4个阶段。

第一，基础研究。与第3章和第4章研究类似，本章首先基于对随机需求与不同的库存盘点策略的分析，明确其决策方案的可行性有着重要影响。此外，风险规避型偏好建模也是相关模型构建的基础，因此有必要在此阶段展开研究。由于相关内容在第3章中已进行了深入分析，因此在本章中，将仅做简略阐述。

第5章 随机需求下风险规避型闭环物流设施选址–库存策略–配取路径联合优化

第二，模型构建。基于第3章和第4章的研究，特别是第4章中关于网络库存协调机制的研究，考虑到其他机制均是完全非协调机制的特殊情况，本章将完全非协调机制下的闭环物流设施选址–库存策略–配取路径联合优化问题作为基本模型。在此基础上，研究相关联合规划问题的风险规避型优化模型，其中为便于求解，本章将基于条件风险值风险度量方法对其建模。基于此，再将上述模型扩展到其他协调类型。

第三，模型求解。由于上述问题及模型的高度复杂性，采用精确算法相应模型实现快速求解难度极大，因此，将研究相应的启发式算法对其求解。基于基本进化算法，本章根据该模型的具体特征，提出了含布尔逻辑算子的进化算法，同时为保证该算法在大规模问题下的求解精度，将精英策略融入进化过程，以提高各代种群的质量。

第四，应用验证。为验证上述方法的可行性和可靠性，本章继续以前文所述某电商自营商品的闭环物流网络设施选址–库存策略–配取路径联合规划问题为例进行数值实验，并对所得结果与传统风险中性模型以及非联合优化方法所得结果加以对比分析。

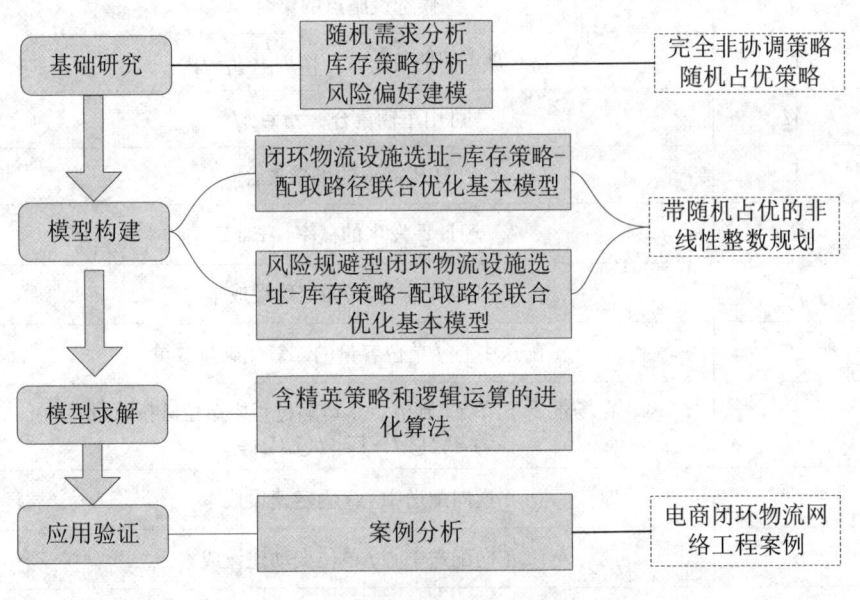

图5.2 本章研究思路

5.3 闭环物流设施选址-库存策略-配取路径联合规划问题建模

基于前文对随机需求及库存策略的研究，本节将以最通用的完全非协调机制为基础，首先研究相应的联合优化基本模型，然后将其扩展到风险规避型条件下，最后再根据决策变量的性质将其变换为其他协调机制下的联合优化模型。

本章所用的相关符号及含义如表5.1所示，且未做特殊说明时，本章所用符号及其含义仅在本章研究中有效。

表5.1 本章所需相关符号及含义说明

集合	描述
I	客户集合
J	候选设施点的集合
K	盘点周期集，$K=\{t_1,t_2,\cdots,t_k\cdots\}$
M	可用车辆集合，$m\in M$
$\hat{I}$	随机需求的场景集合
θ^ξ	场景 ξ 发生的概率，$\xi\in\Xi$
f_j^F	正向配送中心 j 固定建设成本
ς_j	配送中心 j 单位容量的二氧化碳排放量
e_{ij}^ξ	在场景 ξ 下节点 i 到节点 j 运输过程中单位碳排放量，$i\in\{I\cup J\},j\in\{I\cup J\},i\neq j$
f_j^R	逆向配送中心 j 固定建设成本
p_j^F	正向配送中心 j 单位变动建设成本
p_j^R	逆向配送中心 j 单位变动建设成本

第5章 随机需求下风险规避型闭环物流设施选址–库存策略–配取路径联合优化

续表

集合	描述
h_j^F	正向配送中心 j 单位间的库存持有成本
h_j^R	逆向配送中心 j 单位间的库存持有成本
π_j^f	正向配送中心 j 的缺货成本或惩罚成本
g_j^F	工厂与配送中心 j 之间产品的盘点和装运的固定成本
g_j^R	工厂与配送中心 j 之间退换货的盘点和装运的固定成本
a_j^F	工厂与配送中心 j 之间正向产品的单位运输成本
a_j^R	工厂与配送中心 j 之间逆向退换货的单位运输成本
I_j	正向配送中心 j 向工厂下订单时的订货提前期
α, β	决策者风险偏好置信水平，$\alpha, \hat{a} \in [0,1)$
$d_i(\xi)$	在场景 ξ 下客户 i 的需求，$i \in I$，$\xi \in \Xi$
$d_i^+(\xi)$	在场景 ξ 下客户 i 的正向物流需求，$i \in I$，$\xi \in \Xi$
$d_i^-(\xi)$	在场景 ξ 下客户 i 的逆向物流需求，$i \in I$，$\xi \in \Xi$
$\mu_i^{F\hat{1}}$	所有场景下客户 i 对于产品的平均需求
$\mu_i^{R\hat{1}}$	所有场景下客户 i 对于退换货的平均需求
$\sigma_i^{F\hat{1}}$	所有场景下客户 i 产品需求的标准差
$\sigma_i^{R\hat{1}}$	所有场景下客户 i 退换货需求的标准差
$\ddot{O}_{ii'}^F$	客户 i 与 i' 的新产品的相关系数
$\ddot{O}_{ii'}^R$	客户 i 与 i' 的退换货产品的相关系数
s_{ij}	客户 i 到设施 j 的单位运输成本，$i \in \{I \cup J\}, g \in \{I \cup J\}, i \neq j$
l_{ij}	客户 i 到设施 j 的单位运输距离，$i \in \{I \cup J\}, g \in \{I \cup J\}, i \neq j$
决策变量	描述
X_j^F	如果正向配送中心 j 开放为1；否则为0

续表

集合	描述
X_j^R	如果逆向配送中心 j 开放为1；否则为0
$Y_{ij}^{F\xi}$	如果在场景 ξ 下客户 i 被分配到正向配送中心 j 为1；否则为0
$Y_{ij}^{R\xi}$	如果在场景 ξ 下客户 i 被分配到逆向配送中心 j 为1；否则为0
$Z_{jk}^{F\xi}$	如果在场景 ξ 下正向配送中心 j 选择了盘点周期 t_k 为1；否则为0
$Z_{jk}^{R\xi}$	如果在场景 ξ 下逆向配送中心 j 选择了盘点周期 t_k 为1；否则为0
$\mu_{ii'jm}^{\xi}$	0-1变量，1表示在场景 ξ 下设施 j 处的车辆 m 先服务客户 i 再到客户 i'，0表示其他情况，$i,i' \in I, j \in J, m \in M, i \neq i', \xi \in \Xi$
$T_j^{F\xi}$	在场景 ξ 下正向配送中心 j 的盘点周期，即 $T_j^{F\xi} = \Sigma_{k \in K} t_k Z_{jk}^{F\xi}$
$T_j^{R\xi}$	在场景 ξ 下逆向配送中心 j 的盘点周期，即 $T_j^{R\xi} = \Sigma_{k \in K} t_k Z_{jk}^{R\xi}$
$S_j^{F\xi}$	在场景 ξ 下正向配送中心 j 的目标库存水平
$C_j^{R\xi}$	在场景 ξ 下逆向配送中心 j 的存储容量
$\upsilon_{ijm}^{F\xi}$	连续变量，表示场景 ξ 下 j 处的车辆 m 给客户 i 配送的商品数量，$i \in I, j \in J, m \in M, \xi \in \Xi$
$\upsilon_{ijm}^{R\xi}$	连续变量，表示场景 ξ 下 j 处的车辆 m 给客户 i 回收的商品数量，$i \in I, j \in J, m \in M, \xi \in \Xi$

5.3.1 闭环物流设施选址–库存策略–配取路径联合优化的基本模型

基于上述内容，本节首先研究非完全协调下闭环物流设施选址–库存策略–配取路径联合优化的基本模型，即风险中性条件下的优化模型。为便于描述，以下定义 $X = \left(X_j^F, X_j^R\right)_{j \in J}$，$Y = \left(Y_{ij}^{F\xi}, Y_{ij}^{R\xi}\right)_{i \in \hat{I} j \in J, \xi \in}$，$Z = \left(Z_{jk}^{F\xi}, Z_{jk}^{R\xi}\right)_{k \in \hat{K} j \in J, \xi \in}$，$U = \left(\mu_{ii'jm}^{\xi}\right)_{\forall i \in \hat{I} j \in J, m \in M, \xi \in}$，$V = \left(\upsilon_{ijm}^{\xi}\right)_{\forall i \in \hat{I} j \in J, \xi \in}$，$S = \left(S_j^{F\xi}\right)_{j \in \hat{J}\xi \in}$，$C = \left(C_j^{R\xi}\right)_{j \in \hat{J}\xi \in}$。

基于此，该基本联合优化模型如下所述，

$$(\text{P}) \quad \min_{X,Y,Z,U,V,S,C} \mathbb{E}_{\xi\in\Xi}\left[Q(X,Y,Z,U,V,S,C,\xi)\right] \quad (5\text{-}1)$$

$$\min\sum_{\xi\in\tilde{I}}\theta^{\xi}\left[\varsigma_{j}\sum_{j\in J}\left(S_{j}^{F\xi}X_{j}^{F}+C_{j}^{R}X_{j}^{R}\right)+\sum_{i\in I}\sum_{i'\in I}\sum_{j\in J}\sum_{m\in M}\mu_{ii'jm}^{\xi}e_{ij}^{\xi}l_{ij}\right] \quad (5\text{-}2)$$

s.t.

$$\sum_{j\in J}Y_{ij}^{F\xi}=1, \forall i\in I, \xi\in \quad (5\text{-}3)$$

$$\sum_{j\in J}Y_{ij}^{R\xi}=1, \forall i\in I, \xi\in\Xi \quad (5\text{-}4)$$

$$Y_{ij}^{F\xi}\leqslant X_{j}^{F}, \forall i\in I, j\in J, \xi\in\Xi \quad (5\text{-}5)$$

$$Y_{ij}^{R\xi}\leqslant X_{j}^{R}, \forall i\in I, j\in J, \xi\in\Xi \quad (5\text{-}6)$$

$$\sum_{k\in K}Z_{jk}^{F\xi}=X_{j}^{F}, \forall j\in J, \xi\in\Xi \quad (5\text{-}7)$$

$$\sum_{k\in K}Z_{jk}^{R\xi}=X_{j}^{R}, \forall j\in J, \xi\in\Xi \quad (5\text{-}8)$$

$$X_{j}^{R}\leqslant \sum_{i\in I}Y_{ij}^{F\xi}, \forall j\in J, \xi\in\Xi \quad (5\text{-}9)$$

$$\sum_{i'\in I}\mu_{ii'jm}^{\xi}=1, \forall i\in I, j\in J, m\in M, \xi\in\Xi \quad (5\text{-}10)$$

$$\sum_{i\in I}\mu_{ii'jm}^{\xi}=1, \forall i'\in I, j\in J, m\in M, \xi\in\Xi \quad (5\text{-}11)$$

$$\sum_{i\in I}\sum_{i'\in I}\sum_{m\in M}\mu_{ii'jm}^{\xi}\leqslant Y_{ij}^{\xi F}, \forall j\in J, \xi\in\Xi \quad (5\text{-}12)$$

$$\sum_{i\in I}\sum_{i'\in I}\sum_{m\in M}\mu_{ii'jm}^{\xi}\leqslant Y_{ij}^{\xi R}, \forall j\in J, \xi\in\Xi \quad (5\text{-}13)$$

$$\sum_{i\in I}\sum_{i'\in I}\mu_{ii'jm}^{\xi}\left(\upsilon_{ijm}^{\xi F}+\upsilon_{i'jm}^{\xi R}\right)\leqslant C_{m}, \forall j\in J, m\in M, \xi\in\Xi \quad (5\text{-}14)$$

$$X_{j}^{F},X_{j}^{R},Z_{jk}^{F\xi},Z_{jk}^{R\xi},Y_{ij}^{F\xi},Y_{ij}^{R\xi},\mu_{ii'jm}^{\xi}\in\{0,1\}, \forall i\in I, j\in J, \xi\in\Xi \quad (5\text{-}15)$$

$$S_{j}^{F\xi},C_{j}^{R\xi}\geqslant 0, \forall j\in J, \xi\in\Xi \quad (5\text{-}16)$$

$$\upsilon_{ijm}^{\xi} \in [0, C_m] \quad \forall i \in I, j \in J, m \in M, \xi \in \Xi \qquad (5-17)$$

需要注意的是，模型（P）包含双目标函数，其中式（5-1）为最小化闭环物流设施选址-库存策略-配取路径问题所产生的总成本的期望，包括设施建设成本、运输成本、库存成本及惩罚成本等。目标函数（5-2）为最小化该问题中在随机需求下基础设施与运输过程中产生的二氧化碳排放量的期望。约束条件（5-3）与约束条件（5-4）要求在随机需求下每一个客户均有且只有一个设施（正向配送中心或逆向配送中心）对其提供服务。约束条件（5-5）和约束条件（5-6）要求只有已存在或开放的设施才可提供服务。约束条件（5-7）和约束条件（5-8）表示只研究已存在或开放的设施的库存策略，且只能选择一个库存盘点周期。约束条件（5-9）规定只有在一个候选点开放了正向配送中心并且将客户分配给该正向配送中心，逆向配送中心才可以在该地点开设。约束条件（5-10）和约束条件（5-11）为路径规划约束，要求每一个客户只能被一个设施下的一辆车提供服务，且该辆车按照一定的顺序一次只服务一个客户。约束条件（5-12）和约束条件（5-13）表示某设施下的车辆仅服务该设施覆盖的客户群体。约束条件（5-14）表示每辆车在正向配送和逆向回收时，其搭载的货物量不应超出其额定载荷。约束条件（5-15）至约束条件（5-17）为决策变量定义。

另外，在目标函数（5-1）中，

$$\begin{aligned}
& Q(X, Y, Z, U, V, S, C, \xi) \\
&= \sum_{j \in J} f_j^F X_j^F + \sum_{j \in J} f_j^R X_j^R + \sum_{j \in J} \mathbb{K}_j^F \left(S_j^F, T_j^F \right) + \sum_{j \in J} \mathbb{K}_j^R \left(C_j^R, T_j^R \right) \\
&\quad + \sum_{\xi \in \Xi} \theta^{\xi} \left\{ \sum_{j \in J} \sum_{i \in I} \sum_{m \in M} \upsilon_{ijm}^{F\xi} Y_{ij}^{F\xi} a_j^F + \sum_{j \in J} \sum_{i \in I} \sum_{m \in M} \upsilon_{ijm}^{F\xi} Y_{ij}^{F\xi} l_{ij} s_{ij} \right. \\
&\quad + \sum_{j \in J} \sum_{i \in I} a_j^R \upsilon_{ijm}^{R\xi} Y_{ij}^{R\xi} + \sum_{j \in J} \sum_{i \in I} l_{ij} s_{ij} \upsilon_{ijm}^{R\xi} Y_{ij}^{R\xi} \\
&\quad + \pi \left\{ \sum_{i \in I} \left[d_i^+(\xi) - \sum_{i \in I} \sum_{m \in M} \mu_{ii'jm}^{F\xi} \upsilon_{ijm}^{F\xi} \right]_+ \right. \\
&\quad \left. \left. + \sum_{i \in I} \left[d_i^-(\xi) - \sum_{i \in I} \sum_{m \in M} \mu_{ii'jm}^{R\xi} \upsilon_{ijm}^{R\xi} \right]_+ \right\} \right\}
\end{aligned}$$

第5章　随机需求下风险规避型闭环物流设施选址–库存策略–配取路径联合优化

基于前文研究，如果正向配送中心基于定期盘点（T，S）策略，逆向配送中心假设也采用定期盘点的库存策略来控制退换货的库存。然后，在一个盘点周期内，配送中心收集的所有退换货都将在该期期末运送到工厂或其他指定地点。基于此，可得以下具体表达式：

$$\Bbbk_j \left(S_j^F, T_j^F \right) = p_j^F S_j^F + \frac{g_j^F}{T_j^F} + h_j^F \left[\frac{\mu_j^{F,DC} T_j^F}{2} + S_j^F - \mu_j^{F,DC} \left(T_j^F + l_j \right) \right]$$

$$+ \frac{\pi_j^F}{T_j^F} E[D_j^F \left(T_j^F + l_j \right) - S_j^F]^+$$

$$\Bbbk_j^R \left(C_j^R, T_j^R \right) = p_j^R C_j^R + \frac{g_j^R}{T_j^R} + \sum_{i \in I} \frac{h_j^R T_j^R \mu_i^R Y_{ij}^R}{2}$$

其中，$S_j^F = \sum_{\xi \in \hat{I}} \theta^\xi S_j^{F\xi}$，$T_j^F = \sum_{\xi \in \hat{I}} \theta^\xi T_j^{F\xi}$，$T_j^R = \sum_{\xi \in \hat{I}} \theta^\xi T_j^{R\xi}$，而且基于表5.1中相关定义，还可得

$$T_j^{F\xi} = \sum_{k \in K} t_k Z_{jk}^{R\xi},$$

$$T_j^{R\xi} = \sum_{k \in K} t_k Z_{jk}^{R\xi}。$$

由于模型（P）多目标属性的存在，使得该问题难以求解。因此，基于前面研究，本书将目标函数（5-2）松弛到约束条件中，使其在不确定环境下的二氧化碳排放低于某一水平 $\varepsilon \in \mathbb{R}^+$，即有模型

$$(P_0) \quad \min_{X,Y,Z,U,V,S,C} \mathbb{E}_{\xi \in \Xi} \left[Q(X,Y,Z,U,V,S,C,\xi) \right] \quad (5\text{-}18)$$

s.t. （5-3）-（5-17） （5-19）

$$\sum_{\xi \in \Xi} \theta^\xi \left[\sum_{j \in J} C_j^{R\xi} \varsigma_j X_j^R + \sum_{i \in I} \sum_{i' \in I} \sum_{j \in J} \sum_{m \in M} \mu_{ii'jm}^\xi e_{ij}^\xi l_{ij} \right] \leqslant \varepsilon \quad (5\text{-}20)$$

（1）等价三阶段随机联合优化模型。

与第3章和第4章相关模型相比，本章模型不仅考虑了战略设施选址决策，还包括战术库存策略与运输路径决策。如图5.3所示，该问题其本质是以三阶段优化问题。

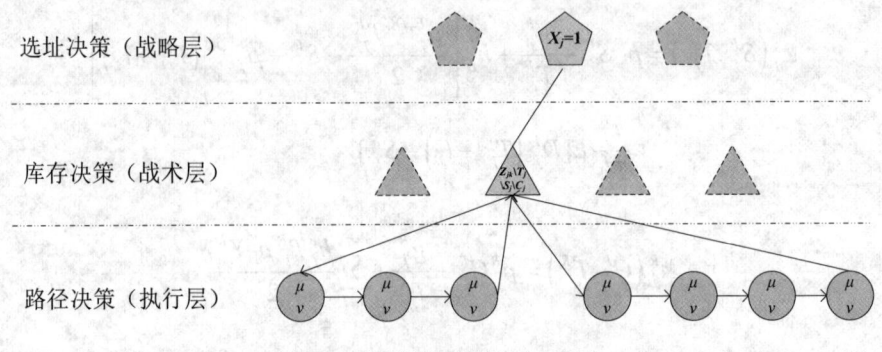

图5.3 三阶段联合规划示意图

在第一阶段，该模型首先基于当前需求信息进行选址决策，假设目标函数为$Q_1(X,\xi)$，表示相关决策产生的总成本，则

$$\min Q_1(X,\xi) = \sum_{j \in J} f_j^F X_j^F + \sum_{j \in J} f_j^R X_j^R + \mathbb{E}\left[Q_2(Y,Z,T,S,C,\xi)\right]$$

s.t. $\quad X_j^F, X_j^R \in \{0,1\}$

式中，$Q_2(Y,Z,T,S,C,\xi)$表示第二阶段的库存决策，要求在第一阶段决策的基础上，根据随机需求的具体情况决定每一设施相应的库存策略，并使得相关成本最小，即

$$\min Q_2(Y,Z,T,S,C,\xi) = \sum_{j \in J} \mathbb{K}_j^F\left(S_j^F, T_j^F\right) + \sum_{j \in J} \mathbb{K}_j^R\left(C_j^R, T_j^R\right) + Q_3(U,V,\xi)$$

s.t. $\quad$ (5-3)-(5-9)

$X_j^F, X_j^R, Z_{jk}^{F\xi}, X_{jk}^{R\xi}, Y_{ij}^{F\xi}, Y_{ij}^{R\xi} \in \{0,1\}, \forall i \in I, j \in J, \xi \in \Xi$

$S_j^{F\xi}, C_j^{R\xi} \geq 0, \forall j \in J, \xi \in \Xi$

式中，$Q_3(U,V,\xi)$ 是第三阶段决策，其要求在前两阶段决策结果的基础上，决定每个车辆所配送或取货的客户及其顺序，即

$$\min Q_3(U,V,\xi)$$
$$= \sum_{\xi \in \Xi} \theta^\xi \left\{ \sum_{j \in J} \sum_{i \in I} a_j^F \upsilon_{ijm}^{F\xi} Y_{ij}^F + \sum_{j \in J} \sum_{i \in I} l_{ij} s_{ij} \upsilon_{ijm}^{F\xi} Y_{ij}^{F\xi} \right.$$
$$+ \sum_{j \in J} \sum_{i \in I} a_j^R \upsilon_{ijm}^{R\xi} Y_{ij}^{R\xi} + \sum_{j \in J} \sum_{i \in I} l_{ij} s_{ij} \upsilon_{ijm}^{R\xi} Y_{ij}^{R\xi}$$
$$+ \pi \left\{ \sum_{i \in I} \left[d_i^+(\xi) - \sum_{j \in J} \sum_{m \in M} \mu_{ii'jm}^{F\xi} \upsilon_{ijm}^{F\xi} \right]_+ \right.$$
$$\left. \left. \sum_{i \in I} \left[d_i^+(\xi) - \sum_{j \in J} \sum_{m \in M} \mu_{ii'jm}^{F\xi} \upsilon_{ijm}^{F\xi} \right]_+ \right\} \right\}$$

s.t. （5-10）-（5-14）

$$\mu_{ii'jm}^\xi \in \{0,1\}, \forall i \in I, j \in J, \xi \in \Xi$$

$$\upsilon_{ijm}^\xi \in [0, C_m] \forall i \in I, j \in J, m \in M, \xi \in \Xi$$

通过上述分析，可以发现，战略性选址决策一般属于先见性问题，即基于随机需求当前的信息进行决定，其决策结果与随机变量无关；然后再通过具体的随机变量取值进行战术层面和执行层面的库存决策和路径决策的求解。后两个阶段的结果可进一步优化调整第一阶段决策结果的最优性，而第一阶段决策又从总体上对后续决策问题形成了约束。因此，在该联合优化问题中，三阶段问题有必要通盘考虑，合理决策。

（2）其他协调下的闭环物流设施选址-库存策略-配取路径联合优化的基本模型。

通过第4章相关研究发现，不同的协调策略对最终决策结果有着重要影响。下面将基于前面研究，在模型P_0的基础上，考虑其他网络中的库存协调机制，分别构建相应的优化模型。

①非完全协调机制1（P^{FR}），即网络中的正向配送中心基于统一的定期盘点周期进行库存管理，而逆向配送中心采用另一统一的定期盘点周期。此

时，基于模型（P），定义决策变量 Z_K^F 和 Z_K^R，其含义分别为

$$Z_K^{F\xi} = \begin{cases} 1 & \text{如果正向配送中心在随机需求场景}\xi\text{下以周期}t_k\text{进行盘点} \\ 0 & \text{其他} \end{cases}$$

$$Z_K^{R\xi} = \begin{cases} 1 & \text{如果逆向配送中心在随机需求场景}\xi\text{下以周期}t_k\text{进行盘点} \\ 0 & \text{其他} \end{cases}$$

然后，将其分别替换模型（P_0）中的 $Z_{jk}^{F\xi}$ 和 $Z_{jk}^{R\xi}$，便可得到该情形下的联合优化模型。

②非完全协调机制2（P^F），即网络中的正向配送中心基于统一的定期盘点周期进行库存管理，而逆向配送中心根据自身需求确定合理的盘点周期。此时，基于模型（P_0），定义决策变量 $Z_K^{F\xi}$，其含义为

$$Z_K^{F\xi} = \begin{cases} 1 & \text{如果正向配送中心在随机需求场景}\xi\text{下以周期}t_k\text{进行盘点} \\ 0 & \text{其他} \end{cases}$$

然后，将其替换模型（P_0）中的 $Z_{jk}^{F\xi}$，便可得到该情形下的联合优化模型。

③非完全协调机制3（P^R），即网络中的正向配送中心根据自身需求确定合理的盘点周期，而逆向配送中心基于统一的定期盘点周期进行库存管理。此时，基于模型（P_0），定义决策变量 $Z_K^{R\xi}$，其含义为

$$Z_K^{R\xi} = \begin{cases} 1 & \text{如果逆向配送中心在随机需求场景}\xi\text{下以周期}t_k\text{进行盘点} \\ 0 & \text{其他} \end{cases}$$

然后，将其分别替换模型（P_0）中的 $Z_{jk}^{R\xi}$，便可得到该情形下的联合优化模型。

④完全协调机制4（P^C），即网络中联合配送中心的新产品和退换货产品的定期盘点间隔相同。此时，基于模型（P_0），定义决策变量 Z_{jk}^ξ，其含义为

$$Z_{jk}^{\xi} = \begin{cases} 1 & \text{如果配送中心在随机需求场景} \xi \text{下以周期} t_k \text{进行盘点} \\ 0 & \text{其他} \end{cases}$$

然后，将其分别替换模型（P_0）中的 $Z_{jk}^{F\xi}$ 和 $Z_{jk}^{R\xi}$，便可得到该情形下的联合优化模型。

因篇幅限制，每一种情形下的联合优化模型的具体表达式不再详细列出。

5.3.2 基于随机占优的风险规避型闭环物流设施选址–库存策略–路径联合优化模型构建

基于前文的研究可知，模型（P_0）是典型的风险中性条件的优化问题，其所得方案在不确定环境下的可靠性通常难以保证。为此，下面将继续研究风险规避型闭环物流设施选址–库存–路径联合优化模型，以提高所得方案的可靠性。

在第3章和第4章研究中，分别提出了基于条件风险值和机会约束的风险规避型模型，并提出了对应的求解算法，以保证模型的计算可行性。由前述相关基本模型可见，闭环物流设施选址–库存–路径联合优化模型在结构上相比第3章和第4章更加复杂，若采用与第3章和第4章同样的风险规避型建模方法，将使得模型变得高度非线性化，难以求解。因此，在本章中，为提高模型的易求解性，采用基于随机占优策略的风险规避型建模方法。需要说明的是，在本章后续研究中，相关联合规划模型均是基于完全非协调机制下的库存策略而展开的，其结果可根据前述方法转换到其他协调机制下的模型。

（1）随机占优策略基本内涵。

随机占优策略是一种直观的风险偏好表示方法，相关研究最早见于在金融投资领域，以控制随机事件下潜在的损失风险。现本章将简要概述随机占优相关基本概念。

定义5.1 假设 A 和 B 对应不确定环境下的两个决策，$Q(A)$ 和 $Q(B)$ 分别是其累积分布损失函数，在随机事件 ξ 下，如果始终存在

$$Q(A,\eta) \leqslant Q(B,\eta), \forall \eta \in \mathbb{R} \qquad (5-21)$$

那么，则称决策 A 对 B 是一阶随机占优的，记作 $A \succeq_1 B$。

但是，由上述定义可知，一阶随机占优要求上述关系在所有情形下均成立，因此条件很强，即可能出现过度保守带来的弊端。为此，学者们提出了二阶随机占优的概念。

定义5.2 对于决策 A 和 B，$Q(A)$ 和 $Q(B)$ 分别是其累积分布损失函数，在随机事件 ξ 下，如果始终存在

$$\mathbb{E}\left[(\eta-A)_+\right] \leqslant \mathbb{E}\left[(\eta-B)_+\right], \forall \eta \in \mathbb{R} \qquad (5-22)$$

或者，当 A 和 B 可积时，满足

$$Q_2(A,\eta) \triangleq \int_{-\infty}^{\eta} Q(A,x)\mathrm{d}x \leqslant \int_{-\infty}^{\eta} Q(B,x)\mathrm{d}x \triangleq Q_2(A,\eta), \forall \eta \in \mathbb{R}$$

那么，则称 A 对 B 是二阶随机占优的，记作 $A \succeq_2 B$。

在随机占优策略中，面对随机变量所做的决策对应的效用函数通常用来表示决策者的风险规避型偏好。此时，如果 $u(A)$ 和 $u(B)$ 定义为相关的效用函数。比如在本书中，直接采用成本来表示决策者在该随机事件下可接受的成本水平，那么式（5-22）则可直观反映决策者的风险偏好。基于Zhang的研究，当 $-A \succeq_2 -B$ 时，若 $A \preceq B$ 成立，则有以下关系，

$$A \preceq B \Leftrightarrow \left(\mathbb{E}\left[(\eta-A)_+\right] \leqslant \mathbb{E}\left[(\eta-B)_+\right], \forall \eta \in \mathbb{R}\right) \qquad (5-23)$$

对于离散型随机事件，如本书所述的随机需求，则有

$$A \preceq B \Leftrightarrow \left(\mathbb{E}\left[(\eta-A_\xi)_+\right] \leqslant \mathbb{E}\left[(\eta-B_\xi)_+\right], \forall \xi \in \Xi\right) \qquad (5-24)$$

第5章 随机需求下风险规避型闭环物流设施选址–库存策略–配取路径联合优化

式（5-23）和式（5-24）中，$(\cdot)_+ = \max\{0,\cdot\}$，如前文研究，二阶随机占优中的该运算可直接通过等价线性转换变为易于求解的问题。因此，通过该方法对于大规模问题下风险规避型问题进行建模在求解方面具有一定优势。

（2）基于二阶随机占优策略的风险规避型闭环物流设施选址–库存策略–配取路径联合优化模型。

在本书中，随机需求下的闭环物流设施选址–库存策略–配取路径联合优化是本书研究的主要内容。其中，如前面的三阶段随机规划模型所示，需求的不确定性对于库存策略、配取路径决策有直接影响，而且运输过程的二氧化碳排放量同样受其制约。为提高联合决策方案的可靠性，可分别对其采用二阶随机占优策略。其中，特别需要强调的是，为表示决策者的风险偏好，在此将式（5-24）中右侧项作为决策者预先设定的基准，比如可选取基于以往经验值获取的某一个方案，或者通过简易算法得到的一个非完全准确解。基于此，将其作为风险规避型联合优化问题的约束条件，表示基于此得到的方案其风险程度不会大于该基准值。这一思想与前文的条件风险值和机会约束有一定的相似性。

基于前文阐述，先给出随机需求下基于二阶随机占优策略的风险规避型闭环物流设施选址–库存策略–配取路径联合优化模型，如下所示。

$$(\text{RP}) \quad \min_{X,Y,Z,U,V,S,C} \mathbb{E}_{\xi \in \Xi}\left[Q(X,Y,Z,U,V,S,C,\xi)\right] \tag{5-25}$$

$$\Bbbk(S,F) \preceq \Bbbk(\dot{S},\dot{F}) \tag{5-27}$$

$$Q_3(U,V,\xi) \preceq Q_3(\dot{U},\dot{V},\xi) \tag{5-28}$$

$$E(U) \preceq E(\hat{U}) \tag{5-29}$$

模型（RP）中，约束条件（5-27）要求在随机需求下的库存成本风险不低于某一可行方案 $(\hat{S},\hat{F})$，该可行方案需是该模型的一个可行解，它可以是曾经的一个方案，也可以通过简易算法得到的初步解，并以此作为基准。其中，$\mathrm{k}(S,F)=\sum_{j\in J}\mathbb{K}_j^F(S_j^F,T_j^F)+\sum_{j\in J}\mathbb{K}_j^R(C_j^R,T_j^R)$。约束条件（5-28）运输过程中产生的成本低于某一基准方案产生的成本。约束条件（5-29）表示对运输过程中排放的二氧化碳进行的风险规避型限制，其中 $E(U)=\sum_{\xi\in I}\theta^\xi\left[\sum_{j\in J}C_j^{R\xi}\varsigma_j X_j^R+\sum_{i\in I}\sum_{i'\in I}\sum_{j\in J}\sum_{m\in M}\mu_{ii'jm}^\xi e_{ij}^\xi l_{ij}\right]$。

因此，由模型（RP）计算所得的方案在随机需求下其风险值不会高于相关基准方案，因而具有较强的风险规避性。需要指出的是，基准方案的选取对于最优方案的风险规避性程度有着直接影响。基准方案的可行性越高，最优性越高，所得方案的风险规避程度越高，反之则越小。因此，合理选择基准方案对于本模型至关重要，在本书中，基准方案的选取以需求均值代替随机需求，通过求解该确定型模型所得的方案，以此作为基准值。由于随机需求的期望反映了随机需求的总体情况，以此作为基准值具有较高的可行性。

5.4 模型求解算法研究

由于联合规划问题本身的复杂性，即属于NP-hard问题，如何在随机需求的环境下对其快速准确求解仍是一项巨大的挑战。为此，本章将深入研究其求解算法。

在模型（RP）中，造成其求解困难的原因主要有以下几个方面。

（1）二阶随机占优约束条件及目标函数中存在的$(\cdot)_+$这一非凸运算符。

（2）二阶随机占优约束条件要求对于所有的随机情形均成立，这使得问题的计算规模非常大。

（3）目标函数以及约束条件中存在的非线性项，如$\upsilon_{ijm}^{F\xi}Y_{ij}^F$、$\upsilon_{ijm}^{F\xi}Y_{ij}^{F\xi}$、$\upsilon_{ijm}^{R\xi}Y_{ij}^R$、$\upsilon_{ijm}^{R\xi}Y_{ij}^{R\xi}$、$\mu_{ii'jm}^{F\xi}\upsilon_{ijm}^{F\xi}$、$\mu_{ii'jm}^{R\xi}\upsilon_{ijm}^{R\xi}$、$X_j^R C_j^{R\xi}$等，均使得该问题呈现高度非

第5章　随机需求下风险规避型闭环物流设施选址–库存策略–配取路径联合优化

凸特性，难以求解。

为解决上述难题，本章首先将非凸运算$(\cdot)_+$和非线性项进行转化，以得到更容易处理的线性模型；然后为进一步提高计算效率，提出基于抽样平均近似方法（sample average approximation，SAA）的求解算法。

5.4.1 线性随机规划模型重构

模型（RP）中的二阶随机占优策略为本问题的求解提供了一定便利。对于带随机占优的约束条件（5-27）至约束条件（5-29）而言，根据式（5-24），分别引入辅助变量κ, θ, $\delta \in \mathbb{R}$，使得

$$\mathbb{E}\left[\left(\Bbbk(S,F)-\kappa\right)_+\right] \leqslant \mathbb{E}\left[\left(\Bbbk(\dot{S},\dot{F})-\kappa\right)_+\right] \tag{5-30}$$

$$\mathbb{E}\left[\left(Q_3(U,V,\xi)-\theta\right)_+\right] \leqslant \mathbb{E}\left[\left(Q_3(\dot{U},\dot{V},\xi)-\theta\right)_+\right] \tag{5-31}$$

$$\mathbb{E}\left[\left(E(U)-\delta\right)_+\right] \leqslant \mathbb{E}\left[\left(E(\dot{U})-\delta\right)_+\right] \tag{5-32}$$

对于上述不等式，$(\cdot)_+$可通过第3章所述相关方法直接实现线性化，即引入辅助变量K, Θ, Δ，使其$K = \Bbbk\left((S,F)-\kappa\right)_+$，$\Theta = Q_3\left((U,V,\xi)-\theta\right)_+$，$\Delta = E\left((U)-\delta\right)_+$，并同时有以下约束成立，

$$K \geqslant \Bbbk\left((S,F)-\kappa\right),\ K \geqslant 0, \tag{5-33}$$

$$\Theta \geqslant Q_3\left((U,V,\xi)-\theta\right),\ \Theta \geqslant 0, \tag{5-34}$$

$$\Delta \geqslant E\left((U)-\delta\right),\ \Delta \geqslant 0 \tag{5-35}$$

通过上述处理，二阶随机占优约束变成更加易于处理的约束条件。类似

的，对于目标函数中的 $(\cdot)_+$ 运算，引入辅助变量 $\Pi_i^{F\xi} = d_i^+(\xi) - \sum_{j\in J}\sum_{m\in M}\mu_{ii'jm}^{F\xi}\upsilon_{ijm}^{F\xi}$，$\Pi_i^{R\xi} = d_i^-(\xi) - \sum_{j\in J}\sum_{m\in M}\mu_{ii'jm}^{R\xi}\upsilon_{ijm}^{R\xi}$，并使得以下约束条件同时成立，

$$\Pi_i^{F\xi} \geq d_i^+(\xi) - \sum_{j\in J}\sum_{m\in M}\mu_{ii'jm}^{F\xi}\upsilon_{ijm}^{F\xi}, \Pi_i^{F\xi} \geq 0, \forall i \in I, \xi \in \Xi \quad (5-36)$$

$$\Pi_i^{R\xi} \geq d_i^-(\xi) - \sum_{j\in J}\sum_{m\in M}\mu_{ii'jm}^{R\xi}\upsilon_{ijm}^{R\xi}, \Pi_i^{R\xi} \geq 0, \forall i \in I, \xi \in \Xi \quad (5-37)$$

除 $(\cdot)_+$ 运算外，目标函数中的非线性乘积项同样使得该问题难以求解，为此，本章采用前文中的类似方法，利用线性重构技术将其转换为线性问题。

具体地，对于非线性项 $\upsilon_{ijm}^{F\xi}Y_{ij}^{F\xi}$、$\upsilon_{ijm}^{R\xi}Y_{ij}^{R\xi}$、$\mu_{ii'jm}^{F\xi}\upsilon_{ijm}^{F\xi}$、$S_j^{F\xi}X_j^F$ 和 $X_j^R C_j^{R\xi}$ 而言，其结构均为一个二进制决策变量乘以一个连续变量，因此，分别引入辅助变量 $H_{ijm}^{F\xi} = \upsilon_{ijm}^{F\xi}Y_{ij}^{F\xi}$，$H_{ijm}^{R\xi} = \upsilon_{ijm}^{R\xi}Y_{ij}^{R\xi}$，$W_{ij}^\xi = \mu_{ii'jm}^\xi \upsilon_{ijm}^\xi$，$G_j^{F\xi} = X_j^F S_j^{F\xi}$ 及 $G_j^{R\xi} = X_j^R C_j^{R\xi}$ 同时保证以下不等式成立：

$$\begin{cases} H_{ijm}^{F\xi} \leq \upsilon_{ijm}^{F\xi}, \\ H_{ijm}^{F\xi} \leq Y_{ij}^{F\xi}, \\ H_{ijm}^{F\xi} \geq 0, \\ H_{ijm}^{F\xi} \geq \upsilon_{ijm}^{F\xi} + Y_{ij}^{F\xi}. \end{cases} \quad (5-38)$$

$$\begin{cases} H_{ijm}^{R\xi} \leq \upsilon_{ijm}^{R\xi}, \\ H_{ijm}^{R\xi} \leq Y_{ij}^{R\xi}, \\ H_{ijm}^{R\xi} \geq 0, \\ H_{ijm}^{R\xi} \geq \upsilon_{ijm}^{R\xi} + Y_{ij}^{R\xi}. \end{cases} \quad (5-39)$$

$$\begin{cases} w_{ij}^\xi \leq \upsilon_{ijm}^\xi, \\ w_{ij}^\xi \leq \mu_{ii'jm}^\xi, \\ w_{ij}^\xi \geq 0, \\ w_{ij}^\xi \geq \upsilon_{ijm}^\xi + \mu_{ii'jm}^\xi. \end{cases} \quad (5-40)$$

第5章 随机需求下风险规避型闭环物流设施选址–库存策略–配取路径联合优化

$$\begin{cases} G_j^{F\xi} \leqslant S_j^{F\xi}, \\ G_j^{F\xi} \leqslant X_j^F, \\ G_j^{F\xi} \geqslant 0, \\ G_j^{F\xi} \geqslant S_j^{F\xi} + X_j^F. \end{cases} \quad (5\text{-}41)$$

$$\begin{cases} G_j^{R\xi} \leqslant S_j^{R\xi}, \\ G_j^{R\xi} \leqslant X_j^R, \\ G_j^{R\xi} \geqslant 0, \\ G_j^{R\xi} \geqslant S_j^{R\xi} + X_j^R. \end{cases} \quad (5\text{-}42)$$

将上述式（5-33）至式（5-42）代入模型(RP)中，同时对于 $\mathbb{K}_j^F\left(S_j^F, T_j^F\right)$ 和 $\mathbb{K}_j^R\left(C_j^R, T_j^R\right)$ 中的非线性项采取如第4章同样的处理方法，即引入两个辅助二进制决策变量 V_{ijk}^F 和 V_{ijk}^R，同时保证约束条件（4-56）至约束条件（4-59）成立，便可得到0-1混合整数线性随机规划模型。

$$(\text{LRP}) \quad \min_{X,Y,Z,U,V,S,C} \mathbb{E}_{\xi \in \Xi}\left[Q'(X,Y,Z,U,V,S,C,\xi)\right] \quad (5\text{-}43)$$

$$\text{s.t.} \quad (5\text{-}3)\text{-}(5\text{-}17) \quad (5\text{-}44)$$

$$(5\text{-}33)\text{-}(5\text{-}42) \quad (5\text{-}45)$$

$$(4\text{-}56)\text{-}(4\text{-}59) \quad (5\text{-}46)$$

$$\mathbb{E}[K] \leqslant \mathbb{E}[\dot{K}] \quad (5\text{-}47)$$

$$\mathbb{E}[\Theta] \leqslant \mathbb{E}[\dot{\Theta}] \quad (5\text{-}48)$$

$$\mathbb{E}[\Delta] \leqslant \mathbb{E}[\dot{\Delta}] \quad (5\text{-}49)$$

其中，

$$Q'(X,Y,Z,U,V,S,C,\xi) = \\
\sum_{j\in J}f_j^F X_j^F + \sum_{j\in J}f_j^R X_j^R + \sum_{j\in J}\mathbb{K}_j^F\left(S_j^F,T_j^F\right) + \sum_{j\in J}\mathbb{K}_j^R\left(C_j^R,T_j^R\right) \\
+ \sum_{\xi\in\Xi}\theta^\xi\left\{\sum_{j\in J}\sum_{i\in I}\sum_{m\in M}H_{ijm}^{F\xi}a_j^F + \sum_{j\in J}\sum_{i\in I}\sum_{m\in M}H_{ijm}^{F\xi}l_{ij}s_{ij}\right. \\
+ \sum_{j\in J}\sum_{i\in I}a_j^R H_{ijm}^{R\xi} + \sum_{j\in J}\sum_{i\in I}l_{ij}s_{ij}H_{ijm}^{R\xi} + \pi\left\{\sum_{i\in I}\Pi_i^{F\xi} + \sum_{i\in I}\Pi_i^{R\xi}\right\}\right\}$$

模型（LRP）是一个混合整数线性规划模型，当面对中小问题规模或随机场景空间时，其求解可通过CPLEX等工具完成。然而，由于该问题的高度复杂性，随着问题规模的增加，随机需求场景的扩大，模型求解效率急剧下降。为此，有必要进一步研究相应的具备准确、高效求解能力的算法。

5.4.2 基于抽样平均近似方法的近似求解算法

如前述案例分析中所述，在现实中，闭环物流设施选址-库存策略-配取路径联合优化问题往往面对着较大规模的随机场景，这使得本来就高度复杂的问题变得更加难以求解。为此，本章采用SAA通过蒙特卡洛抽样仿真技术对随机场景加以处理，以近似模型（LRP）中的目标函数，在保证一定求解精度的前提下降低随机因素的规模，达到提高求解效率的目的。关于SAA更加详细的阐述，请参见Shapiro的研究成果。

针对本问题，令$\{\Xi_1,\cdots,\Xi_N\}$表示关于随机需求场景的抽样集合，样本空间大小为N，此时定义以下关系

$$\rho(X,Y,Z,U,V,S,C) := \frac{1}{N}\sum_{n=1}^N Q'(X,Y,Z,U,V,S,C,\Xi_n) \quad (5\text{-}50)$$

需要注意的是，$\mathbb{E}_{\xi\in\Xi}\left[Q'(X,Y,Z,U,V,S,C,\xi)\right]$即为模型（LRP）的目标

第5章 随机需求下风险规避型闭环物流设施选址-库存策略-配取路径联合优化

函数，通过平均近似方法，式（5-50）中所示 $\rho(X,Y,Z,U,V,S,C,\xi)$ 即为该目标函数在蒙特卡洛抽样下的近似值。同样地，对于随机占优约束条件（5-47）至约束条件（5-49）中的期望运用上述方法加以近似，如下所述。

$$\mathcal{K}(S,F):=\frac{1}{N}\sum_{n=1}^{N}\left[\left(\Bbbk(S,F)-\kappa\right)_{+}-\left(\Bbbk(\dot{S},\dot{F})-\kappa\right)_{+},\Xi_{n}\right] \quad (5-51)$$

$$\mathcal{L}(S,F):=\frac{1}{N}\sum_{n=1}^{N}\left[\left(Q_{3}(U,V,\xi)-\theta\right)_{+}-\left(Q_{3}(\dot{U},\dot{V},\xi)-\theta\right)_{+},\Xi_{n}\right] \quad (5-52)$$

$$\mathcal{G}(S,F):=\frac{1}{N}\sum_{n=1}^{N}\left[\left(E(U)-\delta\right)_{+}-\left(E(\dot{U})-\delta\right)_{+},\Xi_{n}\right] \quad (5-53)$$

然后，基于Hu、Homem-de-Mello和Mehrotra的研究成果，模型（LRP）在SAA下的近似优化模型可写为

$$\text{(ALRP)} \quad \min_{X,Y,Z,U,V,S,C}\rho(X,Y,Z,U,V,S,C) \quad (5-54)$$

$$\text{s.t.} \quad (5-3)-(5-17) \quad (5-55)$$

$$(5-33)-(5-42) \quad (5-56)$$

$$(4-56)-(4-59) \quad (5-57)$$

$$(5-51)-(5-53) \quad (5-58)$$

在模型（ALRP）中，基于蒙特卡洛抽样仿真得到的均值用来代替对应的期望值，该做法将原来规模较大的随机场景压缩为大小为 N 的较小有限样本中，因此可有效降低问题求解的规模。而且，模型（ALRP）为一个0-1混合整数线性规划问题利用CPLEX等求解软件可获得更加高效的解。

5.5 案例分析

本章基于前文所述关于电商企业闭环物流网络设计这一案例为背景，验证本章所提方法的有效性。由于本章研究内容是在第3章和第4章研究基础上进一步深化而来的，因此，在本章案例分析中将更加注重与第3章和第4章模型的对比，以突出本章风险规避型联合优化模型对于提高设计方案可行性和可靠性的优势。在本章所用的所用数据均与第3章和第4章保持一致，此处不再赘述。

5.5.1 算法效果分析

本章针对随机需求下的闭环物流网络设施选址–库存策略–配取路径联合优化问题展开了深入研究，构建了相应的风险规避型联合优化模型以提高其方案的可行性和可靠性，并提出了等价的线性优化模型以提高其求解效率。为进一步提高该模型在大规模随机场景下的求解速度，本章又进一步研究了基于抽样平均近似方法SAA的求解算法。本小节将基于前文所述案例，首先对算法的有效性加以验证。

本章中对于随机需求的随机场景共包含520个场景，且退换货的逆向需求占正向需求的8.6%。为验证本章算法的有效性，本章对模型LRP分别采用遗传算法（GA）、CPLEX软件和SAA算法求解，以对比分析所提算法的有效性。需要说明的是，在本章算例中，对于随机占优策略中的基准方案，是在不同场景规模大小下基于其均值利用遗传算法求解而得，且基于所有算法均是在重复20次计算下所得的平均值。

由于CPLEX对于模型LRP的求解是基于分支定界算法完成，其算法精度自然最高，因此在对比求解准确度时便以CPLEX所得值为基准。如表5.2对上述算法的对比结果所示，CPLEX软件虽然在完全随机场景规模下得到了最

第5章 随机需求下风险规避型闭环物流设施选址–库存策略–配取路径联合优化

优的求解结果，但其所耗费的时间也最长，接近3个小时才达到收敛状态。而启发式算法及遗传算法处在与CPLEX的另一个极端，其花费最短的时间输出了最终结果，但是其算法精度仅仅为CPLEX的88.36%，求解的误差较大。反观SAA算法，其计算结果精度达到了CPLEX的98.58%，而且计算速度相对CPLEX提高了191%。SAA的计算效率虽然只有遗传算法的1/5，但是其精度提高了10.1%。因此，综合来看，在求解大规模随机场景的问题下，SAA算法有着较大的优势。

表5.2 算法结果对比

求解方法	场景规模	目标函数值	求解时间/s	精度差值/%
CPLEX	520	1 291 245 712	10 669	—
SAA	300	1 395 544 500	1 065	8.08
	400	1 348 124 024	3 258	4.40
	500	1 309 545 122	5 595	1.42
GA	520	1 441 571 541	1 044	11.64

需要强调的是，上述SAA算法是在场景抽样大小达到500的情况下进行的，如前文所述，抽样规模的大小对于算法效率有着重要影响，为明确该影响，图5.4展示了在不同抽样规模下的SAA算法计算精度与速度。

由图5.4所示结果可知，抽样随机场景规模越大，算法结果的最优性越理想，但是其花费的时间越来越多。这一现象主要是因为随机场景的数量会直接导致问题求解复杂度的增加，这会导致算法求解效率的下降。但是抽样规模越大使得仿真越接近真实情况，由此使得近似结果越接近真实最优解。这与Hu J等关于SAA的研究结论相一致。

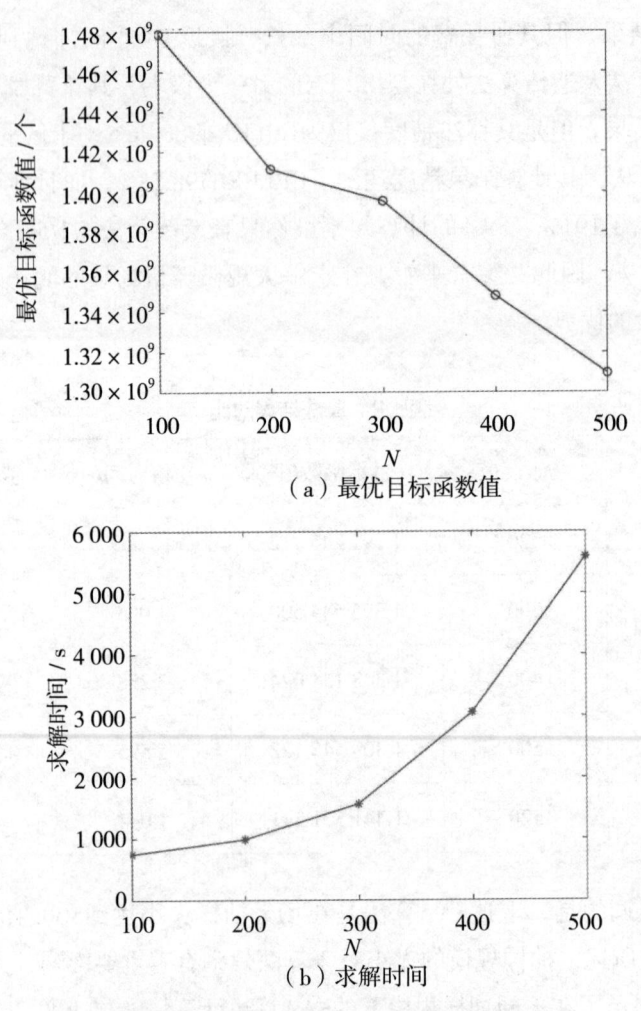

图5.4 不同抽样规模下的SAA算法计算结果

5.5.2 联合优化模型的可行性分析

为提高随机需求下闭环物流网络设计方案的可行性，本章从闭环物流设施选址-库存策略-配取路径联合规划的角度对上述问题加以分析求解，并构建了相应的优化模型，以期克服在独立解决闭环物流设施选址、库存策

第5章 随机需求下风险规避型闭环物流设施选址–库存策略–配取路径联合优化

略、配取路径及部分联合优化问题时的缺陷。

基于上述案例数据，首先以完全非协调情形下的风险规避型联合优化模型（RP）为例，并分别求解各自独立问题和部分联合优化问题（如第3章、第4章所示）对应模型，研究结果如表5.3所示。

表5.3 独立问题与联合优化问题结果对比

问题	总成本/元	固定建设成本/元	库存成本/元	运输成本/元	惩罚成本/元	二氧化碳排放量/t
闭环物流设施选址	80 415 451	41 231 117	0	28 766 180	10 418 154	568
配取路径优化	46 941 412	0	0	38 486 598	8 454 814	523
库存策略设计优化	54 841 154	10 155 563	17 010 120	28 470 150	11 215 441	523
闭环物流设施选址–配取路径联合优化	116 547 511	50 392 562	0	55 942 805	10 212 144	693
闭环物流设施选址–库存策略联合优化	101 215 421	42 733 961	18 326 511	30 942 805	9 212 144	575
闭环物流设施选址–库存策略–配取路径联合优化	132 154 513	50 621 411	64 017 588	59 124 514	9 012 411	712

从表5.3所示的对比结果中可以看出，闭环物流设施选址–库存策略–配取路径联合优化结果在总成本上相对于三个独立问题的总成本之和低了27.4%。这与第3章和第4章中联合规划问题与独立问题的对比结果是一致的。当三个问题融合为一个联合优化问题时，相对于任何独立问题或其部分联合优化问题，其固定成本、库存成本、运输成本等均有所增加。这是由于问题的复杂性导致的必然结果。具体地，相对于第3章闭环物流设施选址–

配取路径联合规划问题，本章充分考虑了每个设施在库存能力规划与库存盘点决策等方面的库存策略因素，而这些在第3章研究中均是假设已知或固定的，这在一定程度上制约了在随机需求环境下的需求满足率。而且，由于库存策略中的库存能力规划、库存盘点等决策均会产生新的固定成本、运输成本和库存成本，因此本章研究所得总成本相较于第3章有着明显增加。

相对于第4章闭环物流设施选址-库存策略联合优化问题，本章研究充分融合了设施选址决策和路径优化问题。在第4章研究中，各设施假设是已经存在的实体，而且其配送过程同样是假设基于最短路径展开，因此其可行性具有一定的局限性。在本章研究中，选址决策必然导致固定成本的增加，而随机需求下配取路径的结果并不一定与原有假设相一致，因此在运输费用及碳排放结果上均有提高。

但是，与第3章和第4章类似，本章的联合优化模型得到了除配取路径规划问题外最低的惩罚成本。类似于在第3章和第4章研究中的分析，通过上述结果可以说明，本章所研究的闭环物流设施选址-库存策略-配取路径联合优化有着最高的可行性。

5.5.3　风险规避型方案可靠性分析

在提高闭环物流网络设计方案可行性的同时，保证其在随机需求环境下的可靠性是本研究的另一重要目标。为此，本书提出了面向风险规避型决策的相关研究。针对本章问题的具体特点，为提高其模型的求解效率，本书提出了基于二阶随机占优的风险规避型闭环物流设施选址-库存策略-配取路径联合优化模型。其中，模型所得方案的可靠性主要体现在其在不确定环境下是否可以保证客户需求满足率及控制二氧化碳排放。

图5.5为风险中性条件下的闭环物流设施选址-库存策略-配取路径联合优化模型与本书风险规避型模型在相关结果上的对比。由图5.5可以看出，在随机需求环境下，风险规避型模型在降低客户惩罚成本和二氧化碳排放方面相对于风险中性模型有着明显优势。这是因为为满足不确定的需求，风险

规避型模型倾向于部署更多的设施，以求设施与客户之间形成更紧密的服务匹配关系。这由图5.6和图5.7所示的开放设施数量的对比可以看出。当设施数量增加时，在配取时的运输距离就更短，因而其有利于进一步控制碳排放。但是，需要说明的是，随着设施数量的增多，由此导致的固定建设费用和库存成本会增加，从而使得总成本有一定的增加。虽然如此，风险规避型方案可以保证在不确定环境下满足更多的客户需求，保证整个闭环物流网络的正常运作。

由上述结果可知，风险规避型联合优化方法对于提高最终设计方案在不确定环境下的可靠性具有积极意义。

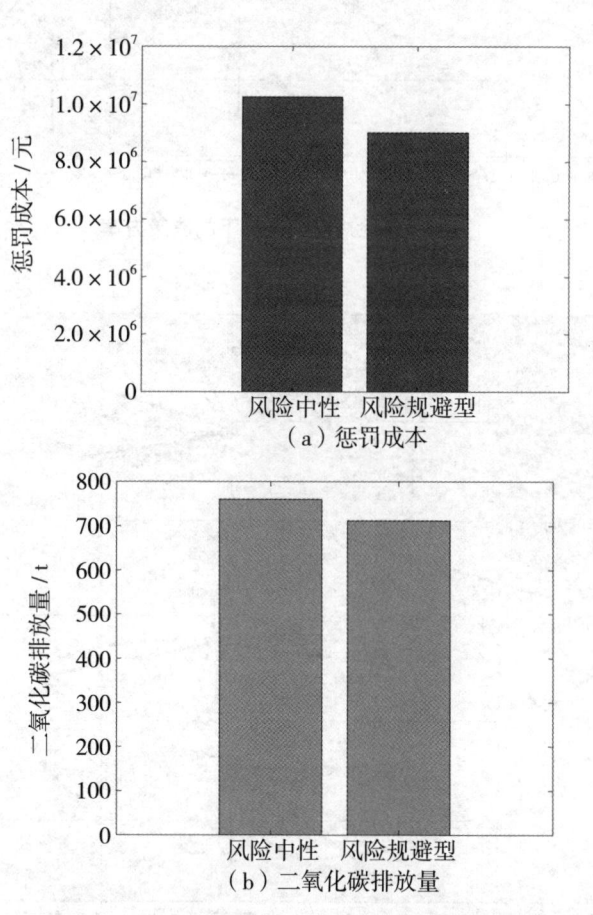

(a) 惩罚成本

(b) 二氧化碳排放量

图5.5 风险规避型与风险中性模型所得结果对比

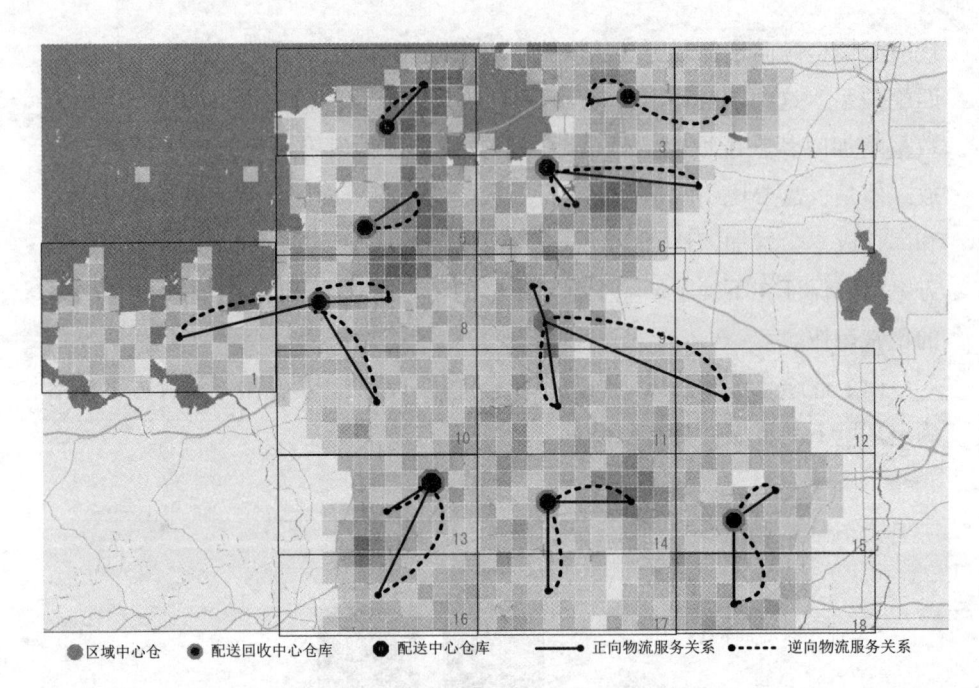

图5.6 风险规避型条件下的决策方案

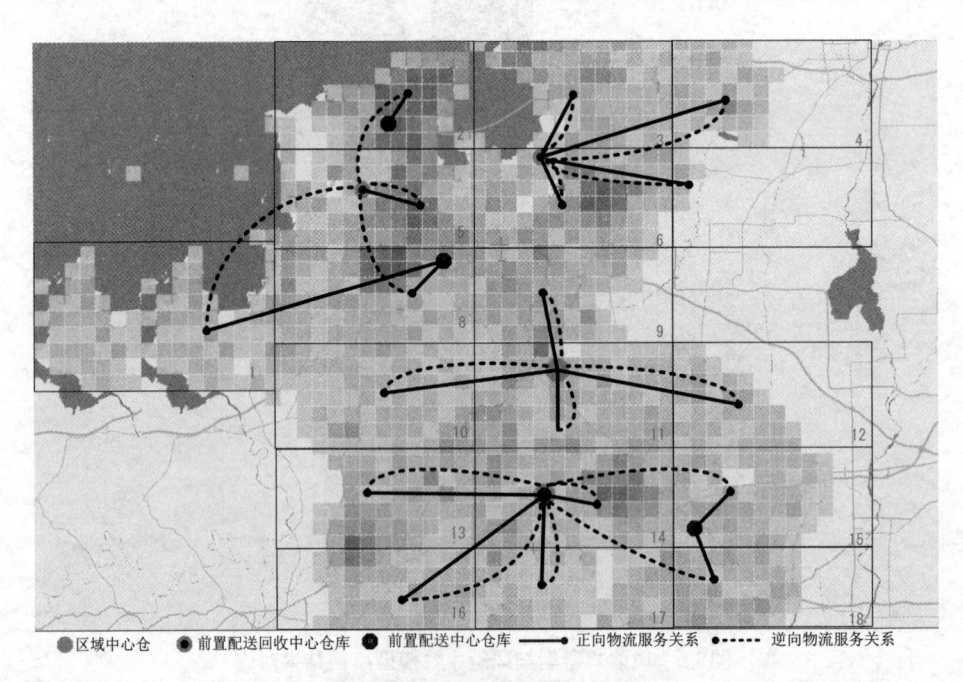

图5.7 风险中性条件下的决策方案

5.6 本章小结

在第3章、第4章研究的基础上,本章针对随机需求下闭环物流网络中设施选址–库存策略–配取路径联合优化问题展开了深入研究。在第3章和第4章联合优化问题研究中发现,研究成果虽然可以有效避免独立研究中存在的缺陷,但该局部联合问题同样存在问题,为此,本章从更加系统的角度入手,构建了设施选址–库存策略–配取路径联合优化模型,以提高决策方案的可行性。此外,由于模型本身的复杂性,此时构建风险规避型方案时必须考虑模型的易求解性,为此,本书基于二阶随机占优策略提出了随机需求下设施选址–库存策略–配取路径问题的风险规避型模型,以提高其决策方案的可靠性。为实现上述问题的高效求解,本书首选对模型中的非线性项和随机占优约束进行了等价转换,然后为降低随机场景对求解效率的约束,提出了基于抽样平均近似方法的近似求解算法。最后,通过某电商企业的工程案例对上述方法进行了应用验证。

第6章 结论与展望

6.1 研究结论

　　随着社会经济的快速发展，市场需求规模越来越大，其多样性及不确定性程度越来越高，使得产品的生命周期越来越短，这给企业带来无限机遇的同时也潜藏着巨大的挑战。电子商务的蓬勃发展为人们的生活带来了极大的便利，除了可以获得各式各样的产品之外，对于存在质量或其他问题的产品可以方便地退货或更换。由此，企业不得不合理处理此类从客户手中回收的产品，以应对形式越来越严峻的环境问题。在新时代背景下，包含正向配送与逆向回收的闭环物流网络设计成为企业在提升物流效率、降低运营成本并提高环境友好性时必须关注的问题。其中，如何提高闭环物流网络在不确定客户需求下的可行性和可靠性一直是决策者面临的一项难题。为解决这一问题，本书深入研究了随机需求下的闭环物流网络设计规划问题，研究以设施选址、库存策略、配取路径等内容为基础，以其联合优化问题为核心，基于由易到难的设计原则，通过构建相应的联合优化模型以提高设计方案的可行性，通过风险规避型决策提高决策方案的可靠性。由于问题的复杂性，如何快速准确求解相应的优化模型同样是一大挑战，为此，本书针对具体关键问题还提出了相应的求解算法。本书研究以期进一步丰富闭环物流及供应链管理领域的相关成果，同时为企业在实际运营中面临此类问题时提供一定的决策支持。

　　具体地，本书所取得的研究成果如下所述。

（1）针对随机需求下的闭环物流设施选址-配取路径优化问题，构建了相应的风险规避型随机优化模型，并分别提出了相应的精确算法和启发式求解算法，研究成果表明该方法相对于传统独立模型可明显提高决策方案的可行性，相对于传统的风险中性决策方案可显著提升在不确定环境下的可靠性。

具体地，本书首先基于条件风险值的风险规避型度量方法，构建了面向风险规避型闭环物流设施选址-配取路径联合优化的0-1混合整数双目标非线性规划模型，以控制由于需求的不确定造成的客户损失风险及二氧化碳排放超标风险。相对于独立闭环物流设施选址问题中关于配取最短路径假设和独立配取路径优化问题中关于设施已知或固定的假设，该联合优化模型有效减弱了上述假设对决策方案可行性的制约，因此其可行性有了明显提升。此外，通过条件风险值中风险水平的调节，可以将客户损失惩罚成本及二氧化碳排放量控制在一定水平内，因此该模型相对传统的风险中性模型具有较强的可靠性。同时，由于该优化模型的高度非线性和非凸性，为实现其准确快速求解，本书首先提出了基于改进多分解结构的重构线性化技术，该方法实现了对原非线性模型的可行域的高精度近似，并通过线性等价转换以提高该模型的求解精度和速度。此外，在面对大规模问题时，为提高其求解效率，提出了基于免疫遗传算法的启发式求解方法，该方法通过基于抗原抗体的多样性增加迭代过程中有效可行解的规模，进而有效避免算法过早收敛或陷于局部最优。最后，以某电商企业在某地区闭环物流网络的规划问题为例，对上述问题加以验证分析，研究结果表明本书所提方法对于提高客户服务能力、降低惩罚成本和碳排放水平具有良好的效果。

（2）针对随机需求下的闭环物流设施选址-库存策略联合优化问题，基于联合机会约束方法提出了面向不同网络库存协调机制的风险规避型非线性随机优化模型。为解决上述模型的求解难题，本书提出了基于线性等价转换和两阶段贪婪分解搜索规则的启发式算法，以实现模型的快速准确求解。案例验证结果表明，该方法不仅有助于解决设施选址及库存策略独立问题的缺陷，对于提供决策方案在随机需求下可靠性同样具有良好的效果。

具体地，本书首先分析了闭环物流网络中各配送中心之间的库存协调机制；基于此首先构建了完全非协调机制下的闭环物流设施选址-库存策略优化基本模型；然后，为提高方案可靠性，提出了基于机会约束的风险规避型联合优化模型。其中，机会约束的引入可有效控制在随机需求下的运输成本、惩罚成本及二氧化碳排放超过某一特定水平的概率维持在较低水平，由此实现决策方案可靠性的提升。由于构建的数学模型是0-1混合整数非线性规划，且机会约束在随机环境下难以求解，为解决这一难题，本书首先基于线性重构技术将模型的中非线性项等价转换为线性项，然后基于确定型替代策略将机会约束转换成一般随机约束，最终获得等价的0-1混合整数二次锥规划模型，该模型可通过CPLEX软件对其进行求解。此外，针对大规模问题，为提高求解效率，提出了基于贪婪分解搜索规则的启发式算法，该方法基于设施-库存策略价值等级排序生成具有贪婪性的最优选址和库存策略结果，在此基础上，通过设施-库存与设施-客户双层编码策略，逐步迭代最终实现上述模型中设施选址-库存策略的联合优化。最后，通过上述某电商企业案例进一步验证了本书所提方法在提高方案可行性和可靠性方面的有效性。

（3）针对随机需求下的闭环物流设施选址-库存策略-配取路径这一总体联合规划问题，本章从更加系统的角度入手，构建了设施选址-库存策略-配取路径联合优化模型，以进一步提高决策方案的可行性。此外，由于模型本身的复杂性，为降低风险规避型模型的求解难度，本书提出了基于二阶随机占优策略的设施选址-库存策略-配取路径问题的风险规避型模型，以提高其决策方案的可靠性。为此，为实现上述问题的高效求解，本书首选对模型中的非线性项和随机占优约束进行了等价转换，然后为降低随机场景对求解效率的约束，提出了基于抽样平均近似方法的近似求解算法，以进一步提高联合优化问题的求解效率。

具体地，本书通过前两部分联合优化问题的研究发现，研究成果虽然可以有效避免独立研究中存在的缺陷，但该局部联合问题同样存在一定局限性。闭环物流设施选址-配取路径研究关于运输成本和惩罚成本的计算并未考虑相关仓储中心的库存策略，其服务容量和相关盘点决策等均设在最理想状态下进行，因此其结果具有一定的理想性。闭环物流设施选址-库存策略联合优化研究假设相关运输均是基于最短路径进行的，这将直接导致运输方案在不确定环境下具有一定的局限性。为解决上述问题，本书提出了闭环物流设施选址-库存策略-配取路径这一总体联合规划问题，以进一步提高其可行性。由于该问题融合了更多的元素，其结构更加复杂，因而其求解难度也更大。因此，在构建风险规避型方案时，必须考虑后续模型的求解问题。为此，本书引入了更加直接的二阶随机占优策略，通过控制联合优化方案与基准方案的关系来保证其在随机环境下的可靠性。虽然该方法无法给出明确的可靠性水平，但其可以控制方案的可行性不低于基准方案，而且其计算过程相对条件风险值或机会约束更加简便。即便如此，由于模型本身的复杂性，为进一步提高求解效率，本书基于线性重构技术提出了等价的线性优化模型，基于此通过抽样近似方法以进一步提高在随机环境下的收敛效率。最后，通过某电商企业的工程案例对上述方法进行了应用验证，研究结果表明该方法相对独立问题和部分联合优化问题的可行性均有明显提升，二阶随机占优策略对于提高方案的可靠性也有良好效果。

综上所述，本书针对随机需求下闭环物流网络设计优化及其关键问题展开了深入研究，希望从战略规划的角度提高闭环物流网络在不确定环境下的可行性以及可靠性。同时，期望研究成果进一步丰富和完善供应链领域相关问题的解决方法，为企业在实践中科学决策提供方法支撑。

6.2 研究展望

闭环物流网络通常是一个复杂的系统，其影响因素繁多且相互之间关联复杂。要想更加准确合理地在运作过程中制定各类决策，需涉及运筹优化、系统工程、计算机技术、信息技术等多种学科与方法。特别是随着大数据与人工智能等技术的发展，解决本书所涉及的相关问题有了新的视角，因此，在下一步研究中，将针对以下环节展开。

（1）大数据环境下配送需求变化对闭环物流网络效率的影响研究。

随着闭环物流网络规模的不断扩大，产生的数据规模不断增加。配送及回收需求是闭环供应链运作的主要驱动因素之一，因此，在下一步研究中，将对大数据环境下配送及回收需求变化对闭环物流网络效率的影响这一问题展开深入分析，以期取得有实用价值和理论价值的成果。

（2）基于机器学习的配送及回收路径智能优化方法。

随着闭环物流网络规模的不断扩大，网络中的数据信息量必然会急剧增加，道路交通信息、需求信息等各类因素的不断变化给路径优化提出了挑战。而人工智能技术的出现对于处理这类实时信息提供了有力支持，因此，针对闭环物流配送回收路径智能优化这一问题，将基于大数据与人工智能技术展开深入研究。

（3）闭环物流网络设计优化支持系统设计与开发。

闭环物流网络是一项复杂的系统工程，为提高大量数据及业务的处理效率，有必要研发相关的支持系统。

参考文献

[1] 许庆春，陈义华. 基于消费者环保意识的闭环物流网络优化研究[J]. 物流技术，2011，30（13）：126-128.

[2] RAHMANI D, MAHOODIAN V. Strategic and operational supply chain network design to reduce carbon emission considering reliability and robustness [J]. J Clean Prod，2017，149：607-620.

[3] 代颖，马祖军，刘飞. 再制造闭环物流网络优化设计模型 [J]. 中国机械工程，2006，17（8）：809-814.

[4] 伍星华，王旭，代应，等. 再制造闭环物流网络的多周期优化设计模型 [J]. 计算机集成制造系统，2011，17（9）：2015-2021.

[5] 郭健全，王心月. 碳交易下生鲜电商跨区域闭环物流网络及路径 [J]. 计算机集成制造系统，2017，23（4）：874-882.

[6] 国家发展改革委办公厅，财政部办公厅，住房城乡建设部办公厅. 关于推进资源循环利用基地建设的指导意见 [J]. 再生资源与循环经济，2017，10（11）：3-4.

[7] 汤鸣. 宝洁公司的可持续发展概述 [J]. 中国洗涤用品工业，2012（10）：37-39.

[8] 陈军，田大钢. 闭环供应链模型下的产品回收模式选择 [J]. 中国管理科学，2017（1）：88-97.

[9] 黄祖庆，易荣华，达庆利. 第三方负责回收的再制造闭环供应链决策结构的效率分析 [J]. 中国管理科学，2008，16（3）：73-77.

[10] SCHWEIGER K, SAHAMIE R. A hybrid Tabu Search approach for the design of a paper recycling network [J]. Transportation Research Part E Logistics &

Transportation Review, 2013 (50): 98-119.

[11] 王文宾, 达庆利. 零售商与第三方回收下闭环供应链回收与定价研究 [J]. 管理工程学报, 2010, 24 (2): 130-134.

[12] 李伯棠, 赵刚, 葛颖恩. 基于遗传算法的闭环物流网络随机规划模型 [J]. 计算机集成制造系统, 2017, 23 (9): 2003-2011.

[13] 姚亚平. 物流改变世界 对话世界经济论坛供应链与运输行业负责人 Wolfgang Lehmacher [J]. 中国远洋海运, 2017 (3): 51-53.

[14] AN Y, ZENG B, ZHANG Y, et al. Reliable p-median facility location problem: two-stage robust models and algorithms [J]. Transport Research Part B: Methodological, 2014 (64): 54-72.

[15] JALALI S, PASANDIDEH S H R, CHAMBARI A. A joint inventory reliable capacitated facility location problem using a continuum approximation [J]. International Journal of Management Science and Engineering Management, 2017, 12 (2): 104-110.

[16] LI Y, QIAN X P, ZHANG L G, et al. Exploring spatial explicit greenhouse gas inventories: Location-based accounting approach and implications in Japan [J]. Journal of Cleaner Production, 2017, 167: 702-712.

[17] ZHALECHIAN M, TAVAKKOLI-MOGHADDAM R, ZAHIRI B, et al. Sustainable design of a closed-loop location-routing-inventory supply chain network under mixed uncertainty [J]. Transportation Research, 2016, 89: 182-214.

[18] 狄卫民, 马祖军, 代颖. 制造/再制造集成物流网络模糊优化设计方法 [J]. 计算机集成制造系统, 2008, 14 (8): 1472-1480.

[19] ROCKAFELLAR R T, URYASEV S. Conditional value-at-risk for general loss distributions [J]. Journal of Banking & Finance, 2002, 26 (7): 1443-1471.

[20] ARMBRUSTER B, DELAGE E. Decision Making Under Uncertainty When Preference Information Is Incomplete [J]. Operations Research: Management Science, 2016, 56 (3): 253-254.

[21] TULLI V, WEINRICH G, CORNEO G. Financial conditions and supply decisions when firms are risk averse [J]. Journal of Economics, 2019, 128 (3): 259-289.

[22] CHAN F T S, XU X. The Loss-Averse Retailer's Order Decisions Under Risk Management [J]. Mathematics, 2019, 7（7）：595.

[23] YU G, HASKELL W B, YANG L. Resilient facility location against the risk of disruptions [J]. Transportation Research Part B Methodological, 2017, 104：82-105.

[24] YU G, JIE Z. Multi-dual decomposition solution for risk-averse facility location problem [J]. Transportation Research, Part E: Logistics and Transportation Review, 2018（116）：70-89.

[25] 代建生，樊晔坤. 风险厌恶零售商促销和定价下供应链的协调 [J]. 系统工程学报，2019，34（3）：396-408.

[26] 周业安，左聪颖，陈叶烽，等. 具有社会偏好个体的风险厌恶的实验研究 [J]. 管理世界，2012（6）：86-95.

[27] 马德青，胡劲松，姜伟，等. 具损失厌恶和损失概率厌恶的报童问题研究[J]. 中国管理科学，2017，25（9）：188-196.

[28] 秦进，史峰，缪立新，等. 考虑随机需求和库存决策的多商品物流网络设计的优化模型与算法 [J]. 系统工程理论与实践，2009，29（4）：176-183.

[29] 田青，缪立新，郑力. 基于运输规划和组合GA的基本物流网络设计 [J]. 清华大学学报（自然科学版），2004，44（11）：1441-1444.

[30] 童明荣，薛恒新. 基于遗传算法的城市物流网络设计研究 [J]. 运筹与管理，2008，17（5）：69-72.

[31] SCHNEIDER M, DREXL M. A survey of the standard location-routing problem [J]. Publications of Parmstadt Technical University, Institute for Business Studies(BWL), 2017, 259（12）：389-414.

[32] DREXL M, SCHNEIDER M. A survey of variants and extensions of the location-routing problem [J]. European Journal of Operational Research, 2015，241（2）：283-308.

[33] PRODHON C, PRINS C. A survey of recent research on location-routing problems [J]. European Journal of Operational Research, 2014, 238（1）：1-17.

[34] ALIDI A S. An Integer goal programming-model for hazardous-waste

treatment and disposal [J]. Applied Mathematical Modelling, 1992, 16（12）: 645-651.

[35] DOULABI S H H, SEIFI A. Lower and upper bounds for location-arc routing problems with vehicle capacity constraints [J]. European Journal of Operational Research, 2013, 224（1）: 189-208.

[36] ALBAREDA-SAMBOLA M, DIAZ J A, FERNANDEZ E. A compact model and tight bounds for a combined location-routing problem [J]. Computers and Operational Research, 2005, 32（3）: 407-428.

[37] LIN J R, LEI H C. Distribution systems design with two-level routing considerations [J]. Annals of Operations Research, 2009, 172（1）: 329-47.

[38] CONTARDO C, HEMMELMAYR V, CRAINIC T G. Lower and upper bounds for the two-echelon capacitated location-routing problem [J]. Computers and Operational Research, 2012, 39（12）: 3185-3199.

[39] BARRETO S, FERREIRA C, PAIXAO J, et al. Using clustering analysis location-routing in a capacitated problem [J]. European Journal of Operational Research, 2007, 179（3）: 968-977.

[40] SCHEUERER S. A tabu search heuristic for the truck and trailer routing problem [J]. Computers and Operational Research, 2006, 33（4）: 894-909.

[41] ZHONG H S, HALL R W, DESSOUKY M. Territory planning and vehicle dispatching with driver learning [J]. Transportation Science, 2007, 41（1）: 74-89.

[42] MIN H, KO H J, PARK B I. A Lagrangian relaxation heuristic for solving the multi-echelon, multi-commodity, closed-loop supply chain network design problem [J]. International Journal of Logistics Systems and Management, 2005, 1（4）: 382-404.

[43] MIN H, KO C S, KO H J. The spatial and temporal consolidation of returned products in a closed-loop supply chain network [J]. Computers Industrial Engineering, 2006, 51（2）: 309-320.

[44] MIN H, KO H J, KO C S. A genetic algorithm approach to developing the multi-echelon reverse logistics network for product returns [J]. Omega, 2006, 34（1）: 56-69.

[45] SALEMA M, BARBOSA-POVOA A P, NOVAIS A Q. An optimization model for the design of a capacitated multi-product reverse logistics network with uncertainty [J]. European Journal of Operational Research, 2007, 179（3）: 1063-1077.

[46] SALEMA M, BARBOSA-POVOA A P, NOVAIS A Q. Simultaneous design and planning of supply chains with reverse flows: A generic modelling framework [J]. European Journal of Operational Research, 2010, 203（2）: 336-349.

[47] ARAS N, AKSEN D. Locating collection centers for distance- and incentive-dependent returns [J]. International Journal of Production Economics, 2008, 111（2）: 316-333.

[48] 梁喜, 凯文. 考虑客户聚类与产品回收的两级闭环物流网络选址-路径优化 [J]. 计算机应用, 2018, 39（2）: 604-610.

[49] 李帅, 郭海峰. 电子商务闭环供应链配送中心选址及路径优化网络设计 [J]. 沈阳理工大学学报, 2013, 32（6）: 1-7.

[50] 王雅璨. 再制造型生态闭环供应链物流网络设计研究 [D]. 北京: 北京交通大学, 2010.

[51] 张潜, 高立群, 胡祥培. 集成化物流中的定位运输路线安排问题（LRP）优化算法评述 [J]. 东北大学学报, 2003, 24（1）: 31-34.

[52] 张军. 基于集成定位-运输路线安排问题的废旧家电逆向回收物流网络优化 [J]. 计算机应用, 2012, 32（9）: 4.

[53] 胡大伟. 设施定位和车辆路线问题模型及其启发式算法研究 [D]. 陕西: 长安大学, 2008.

[54] 赵志彦. 企业物流配送系统中若干定位-路径问题的建模与调度方法 [D]. 天津: 天津大学, 2009.

[55] 王雪峰, 孙小明, 郑柯威, 等. 定位-车辆路径问题的两阶段混合启发式算法 [J]. 上海交通大学学报, 2006, 40（9）: 1529-1535.

[56] 刘长石. 震后应急物流系统中的定位-路径问题（LRP）模型与优化算法研究 [D]. 成都: 电子科技大学, 2016.

[57] ROSS A, KHAJEHNEZHAD M, OTIENO W, et al. Integrated location-

inventory modelling under forward and reverse product flows in the used merchandise retail sector: A multi-echelon formulation [J]. European Journal of Operational Research, 2017, 259 (2): 664-676.

[58] DIABAT A, ABDALLAH T, HENSCHEL A. A closed-loop location-inventory problem with spare parts consideration [J]. Computers and Operational Research, 2015 (54): 245-256.

[59] WANG Z P, YAO D Q, HUANG P Q. A new location-inventory policy with reverse logistics applied to B2C e-markets of China [J]. International Journal of Production Economics, 2007, 107 (2): 350-63.

[60] ZHANG Z H, BERENGUER G, PAN X Y. Location, inventory and testing decisions in closed-loop supply chains: A multimedia company [J]. IISE Transactions, 2019, 51 (1): 41-56.

[61] GUO H, ZHANG Y, ZHANG C N, et al. A multi-commodity location-inventory problem in a closed-loop supply chain with commercial product returns [J]. International Journal of Production Research, 2020, 58 (21): 6899-6916.

[62] LI Y H, GUO H, ZHANG Y. An integrated location-inventory problem in a closed-loop supply chain with third-party logistics [J]. International Journal of Production Research, 2018, 56 (10): 3462-3481.

[63] 张震, 李延晖, 张琦. 考虑退货的多商品多来源闭环选址库存问题模型与算法 [J]. 工业工程与管理, 2018, 23 (6): 137-142.

[64] 李延晖, 吴建林, 郭昊. 电子商务环境下考虑退货的选址库存问题模型与算法 [J]. 运筹与管理, 2018, 27 (1): 63-73.

[65] 卢猛猛. 电子商务供应链物流系统中闭环选址-库存模型与算法 [D]. 武汉: 华中师范大学, 2014.

[66] 吴凯. 多产品多来源无容量限制的选址-库存问题研究 [D]. 成都: 西南交通大学, 2013.

[67] 黄松, 杨超. 随机需求下联合选址-库存模型研究 [J]. 中国管理科学, 2009, 17 (5): 96-103.

[68] 舒艺. 供应中断下考虑风险态度的四级设施选址-库存模型与算法研究 [D]. 沈阳: 东北大学, 2014.

[69] KARAKOSTAS P, SIFALERAS A, GEORGIADIS M C. A general variable neighborhood search-based solution approach for the location-inventory-routing problem with distribution outsourcing [J]. Computers and Chemical Engineering, 2019（126）: 263-279.

[70] ZHENG X J, YIN M X, ZHANG Y X. Integrated optimization of location, inventory and routing in supply chain network design [J]. Transportation Research B: Methodological, 2019（121）: 1-20.

[71] LIU S C, LIN C C. A heuristic method for the combined location routing and inventory problem [J]. International Journal of Advanced Manufacturing Technology, 2005, 26（4）: 372-381.

[72] JAVID A A, AZAD N. Incorporating location, routing and inventory decisions in supply chain network design [J]. Transportation Research Part E: Logistics and Transportation Review, 2010, 46（5）: 582-597.

[73] NEKOOGHADIRLI N, TAVAKKOLI-MOGHADDAM R, GHEZAVATI V R, et al. Solving a new bi-objective location-routing-inventory problem in a distribution network by meta-heuristics [J]. Computers Industrial Engineering, 2014（76）: 204-221.

[74] HIASSAT A, DIABAT A, RAHWAN I. A genetic algorithm approach for location-inventory-routing problem with perishable products [J]. Journal of Manufacturing Systems, 2017（42）: 93-103.

[75] KIM J S, LEE D H. An integrated approach for collection network design, capacity planning and vehicle routing in reverse logistics [J]. Journal of the Operational Research Society, 2015, 66（1）: 76-85.

[76] GUERRERO W J, PRODHON C, VELASCO N, et al. Hybrid heuristic for the inventory location-routing problem with deterministic demand [J]. International Journal of Production Economics, 2013, 146（1）: 359-370.

[77] ZHANG Y, QI M Y, MIAO L X, et al. Hybrid metaheuristic solutions to inventory location routing problem [J]. Transportation Research, 2014（70）: 305-323.

[78] 崔广彬, 李一军. 基于双层规划的物流系统集成定位-运输路线安

排-库存问题研究 [J]. 系统工程理论与实践，2007，27（6）：49-55.

[79] 杜丽敬，李延晖. 选址-库存-路径问题模型及其集成优化算法 [J]. 运筹与管理，2014（4）：70-79.

[80] 郭昊. 考虑退货的选址-库存-路径问题集成优化模型与算法研究 [D]. 武汉：华中师范大学，2013.

[81] 戢守峰，朱宝琳，唐金环. 考虑碳配额差值的选址-路径-库存集成问题优化模型与算法 [J]. 中国管理科学，2014，22（9）：114-122.

[82] 唐金环，戢守峰，姜力文，等. 顾客有限"碳行为"偏好对选址-路径-库存联合优化的影响 [J]. 中国管理科学，2016，2（7）：110-119.

[83] 何家强. 低碳化多源选址-路径-库存集成问题模型及算法研究 [D]. 沈阳：东北大学，2012.

[84] 邢瑞辰. 基于闭环供应链的服务备件物流选址库存路径问题研究 [D]. 成都：西南交通大学，2012.

[85] 吕飞. 考虑时间因素的选址-库存-路径问题集成优化模型与算法研究 [D]. 武汉：华中师范大学，2011.

[86] 吴迪，王诺，宋南奇，等. 边远群岛物流体系的选址-库存-路径优化 [J]. 系统工程理论与实践，2016，36（12）：3175-3187.

[87] 李昌兵，张斐敏. 集成选址-路径-库存问题的逆向物流网络优化 [J]. 计算机集成制造系统，2014，20（7）：1793-1798.

[88] 乔佩利，王娜. 电子商务供应链逆向物流的LIRP问题研究 [J]. 哈尔滨理工大学学报，2016，21（2）：28-31.

[89] 陈德慧，陈东彦. 模糊随机环境下B2C电子商务配送系统CLRIP集成优化模型 [J]. 系统管理学报，2017，26（4）：744-753.

[90] 王圣池，杨斌，许波桅，等. 考虑自贸区的再制造物流网络设计 [J]. 计算机集成制造系统，2015，21（6）：1509-1616.

[91] 董景峰，王刚，吕民，等. 产品回收多级逆向物流网络优化设计模型 [J]. 计算机集成制造系统，2008，14（1）：33-38.

[92] 葛金田. 闭环物流 [M]. 北京：中国财富出版社，2014.

[93] 董雪. 面向家电行业的闭环物流网络选址研究 [D]. 杭州：浙江理工大学，2015.

[94] 胡长英. 逆向物流闭环双层优化模型及算法 [J]. 运筹与管理，2007，16（3）：26-30.

[95] 胡本勇，陈旭. 考虑努力水平和决策风险偏好的供应链期权销量担保模型 [J]. 管理工程学报，2012，26（3）：184-190.

[96] GAUVIN C, DELAGE E, GENDREAU M. Decision rule approximations for the risk averse reservoir management problem [J]. European Journal of Operational Research, 2017, 261（1）：317-336.

[97] HU J, MEHROTRA S. Robust decision making over a set of random targets or risk-averse utilities with an application to portfolio optimization [J]. IIE Transactions, 2015, 47（4）：358-372.

[98] GRECHUK B, ZABARANKIN M. Risk averse decision making under catastrophic risk [J]. European Journal of Operational Research, 2014, 239（1）：166-176.

[99] LI Y N, LIN Q, YE F. Pricing and promised delivery lead time decisions with a risk-averse agent [J]. International Journal of Production Research, 2014, 52（12）：3518-3537.

[100] KIM Y S, JIANG D L, STOYANOV S. Long and Short Memory in the Risk-Neutral Pricing Process [J]. Social Science Electronic Publishing, 2019, 26（4）：71-88.

[101] STILGER P S, KOSTAKIS A, POON S H. What Does Risk-Neutral Skewness Tell Us About Future Stock Returns? [J]. Management Science, 2017, 63（6）：1814-1834.

[102] PARADA-CONTZEN M V. The Value of a Statistical Life for Risk-Averse and Risk-Seeking Individuals [J]. Risk Analysis, 2019, 39（11）：2369-2390.

[103] WANG S Y, THIELE A. A comparison between the robust risk-aware and risk-seeking managers in R&D portfolio management [J]. Computational Management Science, 2017, 14（2）：197-213.

[104] 童中文，何建敏. 基于Copula风险中性校准的违约相关性研究 [J]. 中国管理科学，2008，16（5）：22-27.

[105] 陈宇科, 熊龙, 董景荣. 基于均值-CVaR的闭环供应链协调机制 [J]. 中国管理科学, 2017, 25 (2): 68-77.

[106] 史成东, 陈菊红. Downside-Risk测度下三层供应链协调契约研究 [J]. 中国管理科学, 2010, 18 (1): 90-94.

[107] 叶飞, 林强, 李怡娜. 基于CVaR的"公司+农户"型订单农业供应链协调契约机制 [J]. 系统工程理论与实践, 2011, 31 (3): 450-460.

[108] 赵道致, 何龙飞. Downside-Risk控制下的供应链合作契约研究 [J]. 系统工程理论与实践, 2007, 27 (4): 34-40.

[109] 李进, 朱道立. 模糊环境下低碳闭环供应链网络设计多目标规划模型与算法 [J]. 计算机集成制造系统, 2018, 24 (2): 494-504.

[110] 朱海波. 考虑服务水平的闭环供应链网络规划模型 [J]. 计算机集成制造系统, 2013, 19 (10): 2582-2589.

[111] 马祖军, 代颖, 刘飞. 制造/再制造混合系统中集成物流网络优化设计模型研究 [J]. 计算机集成制造系统, 2005, 11 (11): 1551-1557.

[112] 狄卫民, 胡培. 设施能力可扩展的制造/再制造物流网络多周期优化设计 [J]. 计算机集成制造系统, 2009, 15 (7): 1354-1363, 1388.

[113] ZARBAKHSHNIA N, SOLEIMANI H, GOH M, et al. A novel multi-objective model for green forward and reverse logistics network design [J]. Journal of Cleaner Production, 2019, 208 (20): 1304-1316.

[114] HU L, ZHU J X, WANG Y, et al. Joint design of fleet size, hub locations, and hub capacities for third-party logistics networks with road congestion constraints [J]. Transportation Research Part E: Logistics and Transportation Review, 2018, 118: 568-588.

[115] CHENG C, QI M Y, ZHANG Y, et al. A two-stage robust approach for the reliable logistics network design problem [J]. Transportation Research Part B: Methodological, 2018, 111: 185-202.

[116] USTER H, MEMISOGLU G. Biomass Logistics Network Design Under Price-Based Supply and Yield Uncertainty [J]. Transportation Science, 2018, 52 (2): 474-492.

[117] RAHIMI M, GHEZAVATI V. Sustainable multi-period reverse logistics

network design and planning under uncertainty utilizing conditional value at risk (CVaR) for recycling construction and demolition waste [J]. Journal of Cleaner Production, 2018, 172: 1567–1581.

[118] 王发鸿, 达庆利. 回载可分的闭环供应链多车辆运输策略 [J]. 系统工程理论与实践, 2007, 27（2）: 105–111.

[119] 聂涛, 盛文, 王晗中. 装备备件两级闭环供应链库存优化与分析 [J]. 系统工程理论与实践, 2010, 30（12）: 2309–2314.

[120] 张桂涛, 孙浩, 胡劲松. 考虑库存能力约束的多期闭环供应链网络均衡 [J]. 管理工程学报, 2017, 31（1）: 176–184.

[121] 陈铁英, 张忠桢. 自融资均值方差投资组合模型的旋转算法 [J]. 系统工程理论与实践, 2004, 24（6）: 98–103.

[122] 卢祖帝, 赵泉水. 上海股票市场的投资组合分析: 基于均值–绝对偏差的折中方法 [J]. 管理科学学报, 2001, 4（1）: 12–23.

[123] VENKATACHALAM S, NARAYANAN A. Two-stage absolute semi-deviation mean-risk stochastic programming: An application to the supply chain replenishment problem [J]. Computers and Operational Research, 2019, 106: 62–75.

[124] YUE W, WANG Y P, XUAN H J. Fuzzy multi-objective portfolio model based on semi-variance-semi-absolute deviation risk measures [J]. Soft Computing: A Fusion of Foundations, Methodologies and Applications, 2019, 23（17）: 8159–8179.

[125] ALEXANDER G J, BAPTISTA A M. A Comparison of VaR and CVaR Constraints on Portfolio Selection with the Mean-Variance Model [J]. Management Science, 2004, 50（9）: 1261–1273.

[126] TOPALOGLOU N, VLADIMIROU H, ZENIOS S A. CVaR models with selective hedging for international asset allocation [J]. Journal of Banking and Finance, 2002, 26（7）: 1535–1561.

[127] 田新民, 黄海平. 基于条件VaR（CVaR）的投资组合优化模型及比较研究 [J]. 数学的实践与认识, 2004, 34（7）: 39–49.

[128] 赵晓煜, 汪定伟. 供应链中二级分销网络优化设计的模糊机会约

束规划模型 [J]. 控制理论与应用, 2002, 19 (2): 249-252.

[129] 徐磊, 董明. 基于报童模型的零售商补贴模式选择研究 [J]. 系统工程理论与实践, 2018, 38 (7): 1732-1739.

[130] 陈晓红, 贾轩, 李喜华. 考虑多参考点的基于前景随机占优准则的随机多属性决策 [J]. 系统工程理论与实践, 2018, 38 (5): 1217-1226.

[131] 秦绪伟, 范玉顺, 尹朝万. 随机需求下的选址-库存配送系统集成规划模型及算法 [J]. 控制理论与应用, 2006, 23 (6): 853-860.

[132] 吕新福, 蔡临宁, 曲志伟. 废弃物回收物流中的选址-路径问题 [J]. 系统工程理论与实践, 2005, 25 (5): 89-94.

[133] 陈松岩, 今井昭夫. 物流网络选址与路径优化问题的模型与启发式解法 [J]. 交通运输工程学报, 2006, 6 (3): 118-121.

[134] 王如勇. 电子商务环境下城市共同配送选址-路径问题研究 [D]. 武汉: 华中科技大学, 2013.

[135] 安智宇, 周晶. 考虑供应商违约风险的CVaR最优订货模型 [J]. 中国管理科学, 2009, 17 (2): 66-70.

[136] 于辉, 邓亮, 孙彩虹. 供应链应急援助的CVaR模型 [J]. 管理科学学报, 2011, 14 (6): 68-75.

[137] LI J, XIN B, PARDALOS P M, et al. Solving bi-objective uncertain stochastic resource allocation problems by the CVaR-based risk measure and decomposition-based multi-objective evolutionary algorithms [J]. Annals of Operations Research, 2021, 296 (1): 639-666.

[138] AYDOGDU A, TOR O B, GUVEN A N. CVaR-based stochastic wind-thermal generation coordination for Turkish electricity market [J]. Journal of Modern Power Systems and Clean Energy, 2019, 7 (5): 1307-1318.

[139] TRABELSI N, TIWARI A K. Market-Risk Optimization among the Developed and Emerging Markets with CVaR Measure and Copula Simulation [J]. Risks, 2019, 7 (3): 1-20.

[140] NORTON M, KHOKHLOV V, URYASEV S. Calculating CVaR and bPOE for common probability distributions with application to portfolio optimization and density estimation [J]. Annals of Operations Research, 2021, 299: 1281-

1315.

[141] PAVLIKOV K, URYASEV S. CVaR norm and applications in optimization [J]. Optimization Letters, 2014, 8（7）: 1999-2020.

[142] URYASEV S, ROCKAFELLAR R T. Conditional Value-at-Risk: Optimization approach [J]. Stochastic Optimization: Algorithms and Applications, 2001, 54: 411-435.

[143] CHUN S Y, SHAPIRO A, URYASEV S. Conditional Value-at-Risk and Average Value-at-Risk: Estimation and Asymptotics [J]. Operations Research, 2012, 60（4）: 739-756.

[144] SNYDER L V, DASKIN M S, TEO C-P. The stochastic location model with risk pooling [J]. European Journal of Operational Research, 2007, 179（3）: 1221-1238.

[145] YU G D, HASKELL W B, LIU Y. Resilient facility location against the risk of disruptions [J]. Transportation Research Part B: Methodological, 2017, 104: 82-105.

[146] 唐凯, 杨超, 杨珺. 随机多阶段分销网络设计模型 [J]. 中国管理科学, 2007, 15（6）: 98-104.

[147] VAHDANI B, SOLTANI M, YAZDANI M, et al. A three level joint location-inventory problem with correlated demand, shortages and periodic review system: Robust meta-heuristics [J]. Computers Industrial Engineering, 2017, 109: 113-129.

[148] SHAHABI M, UNNIKRISHNAN A, JAFARI-SHIRAZI E, et al. A three level location-inventory problem with correlated demand [J]. Transportation Research Part B: Methodological, 2014, 69: 1-18.

[149] BERMAN O, KRASS D, TAJBAKHSH M M. A coordinated location-inventory model [J]. European Journal of Operational Research, 2012, 217（3）: 500-508.

[150] PAGNONCELLI B K, AHMED S, SHAPIRO A. Sample Average Approximation Method for Chance Constrained Programming: Theory and Applications [J]. Journal of Optimization Theory and Applications, 2009, 142（2）:

399-416.

[151] HU J, HOMEM-DE-MELLO T, MEHROTRA S. Stochastically weighted stochastic dominance concepts with an application in capital budgeting [J]. European Journal of Operational Research, 2014, 232 (3): 572-583.